가족희생양이 된 자녀의
심리와 상담

Vimala Pillari 저 · **임춘희 · 김향은** 공역

SCAPEGOATING IN FAMILIES:
Intergenerational Patterns of Physical and Emotional Abuse

학지사

수년 전 이 책을 접하고는 번역하고 싶다는 마음을 가졌었다. 가족희생양이라는 용어가 매력적이면서도 약간은 낯설고 거부감이 일기도 하였다. 실제로 가족생활과 부모−자녀 관계에서 부지불식간에 누군가를 가족갈등의 해소나 가족기능의 유지를 위한 희생양으로 삼는 모습을 우리 자신의 가정이나 주위에서 목격하면서도 애써 외면하였던 것은 어쩌면 아무런 문제없이 잘 지내는 이상적인 가족에 대한 소망을 그대로 간직하고 싶었기 때문일지도 모른다. 이미 현실적으로 적나라하게 드러나고 있는 가족병리적인 모습들을 보고 싶지 않다는 데서 오는 거부감도 있었지만 그러한 거부감을 넘어 가족희생양이 되는 과정과 그런 개인들의 심리, 그리고 나아가 가족희생양이 된 사람들에게 도움이 되는 치료방법을 알고 싶다는 욕구가 더 컸다.

어떠한 사회나 시대를 살더라도 인간의 궁극적인 소망은 행복하게 사는 것이며, 그러한 행복의 근원 속에는 개인의 욕구가 충족되고 평온함을 주는 가족관계가 자리하고 있다. 가족이 사랑과 행복을 주는 생활의 원천이 되어야 한다는 모든 사람들의 바람과는 달리 사실상 가족은 가족이라는 이름으로 연결되어 있는 서로에게 때로는 타인보다도 더 심하게 많은 고통과 괴로움을 주기도 한다. 그래서 사람들은 사랑과 보살핌, 즐거움을 나누는 가족을 간절히 원하고 필요로 하면서도 동시에 계속해서 가족으로부터 벗어나기 위해 애를 쓴다. 이러한 가족을 둘러싼 관계의 심리역동적인 측면은 학문적으로 다양한 측면에서 연구되어 왔다.

이 책은 저자 Pillari 박사가 가족으로부터 신체적으로나 정서적으로 학대받고 있거나 과거에 학대받은 경험이 있는 내담자들을 치료하면서, 가족 안에서 피해자와 가해자가 되는 관계에서 이루어지는 심리역동적 관계를 '희생양'이라는 개념으로 분석한 것이다. 특히 이 책은 정신분석과 체계이론 그리고 가족 세대적인 관점을 토대로 가족심리전의 희생양이 된 개인의 대인관계상의 과정과 정신내적인 과정에 초점을 맞추고 있다. 또한 저자 자신의 이론적인 설명을 자신이 직접 상담한 생생한 치료 장면을 통해 보여 줌으로써 자칫 추상적이고 불분명하게 느낄 수 있는 상담 및 치료 이론이 어떻게 실제에 맞닿아 있는지 알기 쉽게 설명해 주고 있다. 특히 부모가 자녀에게 가하는 신체적 학대 못지않게 정서적 학대가 어떠한 패턴으로 대물림되는지, 즉 부모의 희생양이 되었던 자녀가 다시 부모가 되었을 때 어떠한 심리상태에서 어떻게 행동하는가를 보여 주는 사례에 대한 분석은 한국과 미국이라는 문화적 차이를 넘어 다양하게 표출되고 있는 우리 사회의 가족문제 기저에 있는 가족관계의 핵심을 파악하는 데에도 큰 도움이 되리라 생각한다.

　이 책의 제1장에서는 희생양의 기원, 정의, 기능 등 희생양에 관한 기본적인 이해를, 제2장에서는 세대를 거쳐 악순환이 되기 쉬운 희생양 가족의 구조적 문제를 다루고 있다. 제3장에서는 희생양이 된 사람들이 고통을 겪고 있는 인지적이고 정서적인 손상의 양상을, 제4장에서는 방어적이고 부정적인 희생양의 심리적 특성을 치유하는 과정에 대해 설명하고 있다. 그리고 제5장에서는 사례분석을 통해 희생양 가족의 상담과 치료에 대한 현실적이고 통합적인 시각을 보여 주고 있다. 참고로 독자의 편의를 위하여 본문에 인용된 사례들의 인명은 모두 한글명으로 바꾸었다. 비록 많지 않은 분량이지만 이 책이 학교나 상담 현장에 종사하는 사람들에게 가족희생양 개인과 가족희생양을 만드는 가족에 대한 이해를 높이고 상담과 치료의 현장에서 실질적인 도움이 되길 기대한다.

끝으로 출판을 위해 수고해 주신 학지사의 김진환 사장님과 편집진 여러분들께도 고마운 마음을 전하며, 이 책을 독자들과 나눌 수 있게 된 큰 기쁨을 가족들과 함께하고자 한다.

2008년 1월
역자 일동

아동의 신체적·정서적 학대에 대한 문헌이 계속해서 급증하고 있다. 이는 아동학대에 대해 비상한 관심과 논쟁이 일고 있으며, 경악을 금치 못하게 하는 인간의 경험과 상황에 대한 연구가 필요하다는 것을 말해 주는 것이다. 아동학대 문제를 연구하는 데에는 많은 어려움이 따르는데, 그 이유는 각자 다른 관점에서 이 문제를 볼 뿐 아니라 서로 다른 맥락과 기원에서 파생된 개념이나 용어를 쓰고 있기 때문이다. 이러한 개념들은 특정 시각이나 탐구분야에 대한 문호를 개방하는 반면, 똑같이 적합할 수 있는 다른 개념들을 배제하기도 한다.

이 책의 저자인 Vimala Pillari 박사 또한 이러한 딜레마와 씨름해야만 했다. 저자는 아동학대 현상을 탐험하기 위해 희생양과 희생양화라는 개념을 선택했는데, 그것은 탁월한 생각이었다. 저자의 이러한 관점은 신선하고도 통찰력 있는 관점과 분석을 촉진시킨다.

희생양은 '짐을 짊어진 사람'이라고도 불린다. 이는 희생양을 '대리인'으로 묘사한 것과 비교될 수 있다. 둘 다 과거에 학대받았거나 지금도 계속해서 학대받고 이용당하고 있는 듯이 보이는 사람들을 뜻한다. 그러나 그들은 그러한 학대와 이용에 드러내 놓고 대항하는 대신에 복종적인 피해자로 돌아서기 쉽다. 또한 그들은 자신을 이용한 사람들을 보살피고 방어하며 보호하고 그들의 죄를 없애 주기 위해 애쓰는 모습을 종종 보인다. 어떻게 이런 일이 가능한가?

Pillari 박사는 정신분석과 체계이론에서 나온 통찰력을 가지고 대인관계상의 심리 과정뿐 아니라 개인의 정신내적인 심리 과정에 초점을 맞추면서 이러한 질문에 답하고 있다. 동시에 저자는 노련하고 헌신적인 치료자로서의 면모를 보여 준다. 마지막으로 이에 못지않게 중요한 것은 저자가 그러한 접근을 통해 가족에 대한 세대적인 관점과 치료 문제의 토대에 대해 간명한 입문을 제공하고 있다는 것이다. Pillari 박사는 그의 이전 저서인 『가족신화로 가는 통로』에서와 마찬가지로 이번에도 읽기 쉽고 설명력 있으며 치료적으로도 고무적인 저서를 저술해 냈다.

독일 하이델베르그 의과대학
가족치료학과 의학부장
Helm Stierlin 박사

| 감사의 글

본인의 내담자였던 가족희생양이 되었던 사람들 그리고 희생양의 가족들에게 깊은 감사를 전한다. 이들을 통해서 희생양이 된 사람들이 고통과 비애, 후유증을 지니고 있는 서로 다른 가족체계의 일부가 되는 복잡미묘한 과정에 대해 알게 되었다. 저자에게 있어서 이것은 성장의 경험이 되었다.

아낌없는 지지와 지적인 자극, 건설적인 비판을 보내 준 뉴욕 버펄로 주립대학교의 Issac Alcabes 박사에게 진심으로 감사드리고, 출판과 편집에 도움을 준 뉴욕 Rensselaer 과학기술연구소의 Rebecca O. Barclay에게도 감사를 전한다.

그리고 풍부한 유머감각과 노련한 솜씨로 헌신적인 도움을 준 Brunner/Mazel 출판사의 Natalie Gilman에게도 감사를 표한다.

끝으로 Steve와 Kapil에게도 고마움을 전한다.

| 서 론

희생양이 된 아이들에게 특별한 호기심이 생겼다. 보통 치료를 받으러 온 가족은 가족 중 한 아이를 지목하곤 했는데 그러면 그 아이는 마치 마법에 걸린 것처럼 그 역할을 하였다. 그러나 사실상 가족과 아이 모두 고통을 겪고 있었다. 치료를 통해 이러한 가족들을 연구하면서 나는 희생양화가 일어나는 다양한 가족 경험을 열심히 분석하게 되었다. 이제는 그런 희생양들에게 감정을 이입할 수 있게 되었고 희생양의 역기능적인 관계에 대해 이해할 수 있게 되었다.

가족생활과 차이

심각하게 희생양이 된 아이를 둔 가족에게는 여러 가지 이유로 어려움이 발생한다. 이 때문에 인간행동과 가족역동의 복잡성을 밝히는 데 가능한 한 많은 지면을 할애했다.

심하게 희생양이 된 아이들이 있는 가정과 기능적인 가정은 어떻게 다른가? 현실적으로 중요한 차이는 희생양이 된 아이들이 있는 가정은 항상 극단적이 되어 다른 사람에게나 자기 자신에게 화를 내는 식으로 행동한다는 점일 것이다. 그러나 그 점을 제외하면 대부분의 활동에서는 서로 비슷하다. 그들 행동의 많은 부분이 '평범하고 정상적인 범위'에 해당되는 것으로 보인다. 다른 사람들과 마찬가지로 그들도 일상적인 생활을 영위한다. 그러면 희생양이 된 자녀를 둔 가족의 실제는 어떠한가? 그들의 가족문화는 완전히 다른 것인가? 희생양을 만드는 가족의 일원을 만났을 때 우리는 '그 사람이 나와 어떻게 다른가' 하고 궁금해할 것인가? 비록 희생양을 만드는 가족의 성원들이 그들의 생활에서 많은 문제를 가지고 있다 하더라도 그들의 꿈과 희망은 여느 가족이나 개인이 지니고 있는 것과 다르지 않다. 만일 우리 모두 비슷한 꿈과 희망을 공유하고 있다면 우리에게도 어떤 공통점이 있는 것이다. 나의 경험을 통해 볼 때 공통점을 생각한다는 것은 치료과정에서 매우 유용했다. 왜냐하면 그렇게 할 때 희생양이 된 개인들에 대한 감수성과 감정이입이 증가했기 때문이다. 또한 공통점을 생각해 봄으로써, 비록 두 문화가 서로 다른 생활양식과 배경으로 인해 겉으로 보기에는 매우 다를 수 있으나 기본적으로 사람들은 인생에 대해 비슷한 꿈과 환상, 희망을 가지고 있다는 것을 이해하게 되었다.

피해자를 비난하는 것

이 책은 심하게 희생양이 된 개인들에게 초점을 맞추고 있다. 심각하게 희생양이 된 개인을 치료하는 우리 같은 사람들은 자칫하면 그 부모나 아이를 비난하기 쉽다는 것을 알고 있다. 비난은 일종의 죄를 덮어씌우는 일이라고 할 수 있다. 왜냐하면 그것은 부모가 의도적으로 자녀를 미워한다는 뜻을 내포하고 있기 때문이다. 어떤 치료자들은 자녀의 행동이 부모를 힘들게 해서 부모가 통제력을 잃게끔 만든다는 생각으로 부모의 걱정거리가 되는 자녀를 비난한다.

이 책에서 독자 여러분은 부모와 자녀 모두가 그들이 경험해 온 양육의 피해자라는 사실을 알게 될 것이다. 가족들의 역사가 들추어질 때마다 부모들이 과거 어린 시절에 그들의 부모로 인해 희생제물이 되었고 학대를 받았다는 것이 완연하게 드러나게 된다. 결국 그러한 부모들에게서 자란 자녀들은 더 나은 방법을 알지 못하기 때문에 자신의 아이들을 학대하게 된다. 이와 같이 한 가족으로부터 또 다른 가족으로, 한 세대에서 또 다른 세대로 파괴적인 힘들이 전해지는 것이다. 그리하여 가족의 유산은 계속해서 대물림된다.

동정

앞에서 부모 쪽의 부정적인 행동 패턴과 그것이 자녀에게로 전달되는결과를 지적했다. 이는 누구를 비난하고자 하는 것이 아니라 가족이 처한 상황을 분석하고 그에 대한 이해를 돕기 위한 것이다.

측은한 마음, 곧 동정심이 치료자가 지녀야 할 매우 중요한 자질이라고 믿는다. 정우 엄마(제5장)를 처음 만났을 때 아동치료자로서 나는 분노와 좌절을 느꼈다. 그러나 그녀는 비극적이게도 어머니를 끔찍한 사고사로 잃고, 남편마저 감옥에 가게 되어 결국 가까운 두 사람을 동시에 잃은 불행한 여성이었다. 정우를 돕기 위해서는 정우가 엄마에 대해 동정심을 갖도록 하고, 정우에게 엄마의 문제를 설명해 주어야 한다는 것을 깨달았다. 그리고 정우에게 엄마가 가진 문제에 대해 설명했으며, 정우가 엄마를 있는 그대로 받아들이고 이해할 수 있도록 하였다. 그러자 정우는 더 성숙해졌으며 건강한 모습을 보였다. 어찌 보면 이 책은 다른 사람들과 '들어맞지' 않아 보이는 사람들에게 동정심을 가져 달라고 부탁하는 탄원서라고 할 수 있다.

Henry(1965/1971)는 광기에 대해 논하면서 "이러한 가족은 마치 '신들이 없는 그리스의 비극'처럼 보인다. 그러한 가족은 자신들의 과거와 사랑과 증오, 불안과 수치심 등의 형상에 갇히게 되고 이러한 것들이 가정에서 하나의 벽처럼 확고해지기 때문에 이들에게 불행과 파국은 예정된 것처럼 보인다."(p. xx)라고 말하고 있다. 이것은 가족의 분노와 고통에 정면으로 맞서기 위해 한 개인을 선택하는 역기능적인 희생양 가족에게도 해당된다. 가족의 이러한 관계적인 측면들과 자원들을 어떻게 이해해야 하는가? 원가족 내에서 자녀였을 때 부모들의 과거 역사와 자신이 결혼한 후 이룬 가족 안에서 형성한 개인적 관계들을 조합해 보면 가족사의 개념을 알게 된다. 원가족 문화에서 가져온 행동 패턴의 실타래는 현재의 생활 속에 짜여들어 간다. 이러한 가족의 삶의 질은 자신의 원래 가족 문화에서 부지불식간에 가져온 것들을 자신이 이룬 가족 내에서 재창조함으로써 생겨난 것이다. 그들은 어떻게 변해야 하는지 그 방법을 모르기 때문에 운명을 바꾸는 데 있어 무력하다.

우리는 순간마다 동정심을 가져야 하며 희생양이 된 아이와 그 부모의 서로 다른 상황을 염두에 두어야 한다. 내가 사랑하지 않고 존경하지도 않는 사람과 살아가는 법을 배우고 나를 사랑하지도 않고 존경하지도 않는 사람과 함께 사는 법을 배운다는 것은 함께 살지 않는 법을 배우는 것과 같다(Henry, 1965/1971). 그런 삶은 공포에 질려 큰 소리로 말도 못하고 자신의 감정을 부인하며 겉으로 드러내지 않고 속으로 증오하는 법을 배우게 한다. 울면서도 눈물을 흘리지 못하고 부끄럽게 사는 삶이 바로 자기 가족의 현실이라는 것을 감춰야만 한다.

이런 것들을 생각하면 연아(제5장)가 떠오른다. 연아는 엄마의 공모자 역할을 하면서 아버지가 자기를 미워한다는 것을 알면서 자랐다. 당연히 연아는 아버지를 아무도 모르게 필사적으로 미워했다. 흔히 이러한 가족의 경우 부모는 자신들의 정서적 박탈로 인해 자녀를 어떻게 대해야 하는지 모르기 때문에, 부모가 자녀와의 애정적인 관계를 가질 만한 기반이 마련되어 있지 않다.

　도대체 그런 사람들은 어떻게 해서 정서적으로 결핍된 것일까? 그들의 정서적 결핍은 그들이 과거에 어떻게 취급당했고, 다른 사람을 어떻게 대하도록 배웠는지를 반영한다. 사랑은 개방적이지도 직접적이지도 단순하지도 않기 때문에 손쉽게 사람의 감정을 배우는 사람은 없다. 사람들은 저마다 독특한 방식으로 사랑을 표현하고 사랑을 원하는 부모나 보호자와의 관계 속에서 사랑하는 법을 배운다. 아이들은 자라면서 가정에서 자신이 배운 방식대로 주고받고, 밀고 당기며, 때로는 말썽을 부리고, 가족의 구원투수 같은 역할도 하면서 사랑을 이해하고 느끼며 원하게 된다. 그러므로 폭력이든 신체적·정서적 학대든 성인이 되어서도 나타나는 것들이 갑자기 불쑥 나타나는 무의식적인 행동이 아니라 학습된 것이라는 사실을 발견할 수 있다. 그러므로 가족 맥락은 역사적이라는 결론, 곧 가족은 역사상의 시점에서 자신의 가정과 문화를 나타낸다는 결론에 이르게 되었다.

　그 누구도 가족생활을 강화하는 관점에서 생각하도록 훈련받지 않는다. 어떻게 해서든 직업에서 실패하지 않고 성공하는 법에 대해서만 배워 왔다. 그럼에도 불구하고 어떻게 해서 가족들이 지금까지 용케 살아남아 있는지 그저 놀라울 뿐이다.

이 책은 어떻게 쓰였는가

이 책을 쓸 때 가능하면 쉬운 말로 쓰고자 애를 썼지만 그렇다고 전문용어를 전혀 사용하지 않을 수는 없었다. 복잡한 정신분석 용어와 체계적이고도 심리역동적인 해석을 제시할 필요가 있었기 때문에 일상용어만 쓰는 것이 쉽지 않았다. 대부분의 해석에서 전문용어를 사용한 것을 후회하지는 않는다. 그것은 심각한 희생양화에 대해 이해하고, 그러한 상황에서 개인적으로나 전문적으로 전쟁을 치르고 있는 독자들을 돕는 데 필수적이기 때문이다. 독자 여러분이 이미 감지한 바와 같이 희생양이 된 개인을 분석하는 일이란 가치관, 사람, 정서, 행동 간의 복잡한 상호관련성을 다루는 것이다.

이 책의 이론적 근거

『가족 신화로 가는 통로』(Pillari, 1986)를 집필하기 위해 자료를 찾고 희생양화라는 개념에 대해 연구하는 과정에서 희생양화에 대해 관심을 갖게 되었다. 특정한 한 사람이 '전적으로 나쁘고 부정적이며 쓸모없는 사람'이 될 수 있으며, 그와 동시에 가족의 짐을 지고 가는 사람이 될 수 있다는 사실은 믿기 어려울 만큼 놀라웠다. 희생양이 되어 치료를 받으러 온 사람들을 자주 접하면서 정도가 심하지 않은 사람들도 있지만 어떤 경우 매우 심각한 지경에 이르렀음을 알 수 있었다. 한 사람이 다른 사람을 희생양으로 인식할 때 어떤 일이 일어날까? 어떻게 하면 이들이 희생양화를 극복하고 자신을 가치 있는 사람으로 여기도록 도울 수 있을까? 이런 생각으로 그들에 관한 책을 쓰게 되었다. 이 책은 희생양화를 다루는 사람들에게 치료적인 정보를 제공한다. 이 책을 읽는 사람들이 부모와 자녀, 양육자와 아동 간의 관계를 통하여 그리고 때로는 여러 세대를 통하여 일어나는 희생양화의 끈질긴 여정을 이해함으로써 자녀들에게 똑같은 실수를 범하지 않게 되길 바란다.

이 책에서는 주로 아이들과 어린 시절 희생양이 되었던 부모들에게 초점을 맞추었다. 인용한 사례들은 대부분 저자가 임상에서 다루었던 것들이다. 일일이 거명하여 내담자들에게 감사를 표하고 싶지만 비밀보장의 원칙을 깨뜨리지 않고자 한다. 물론 인용된 사례와 자료의 이름은 가명으로 처리하였다. 희생양의 상황을 나타내는 모델이 되어 준 분들과 그 가족들에게 감사의 마음을 전한다.

| 차례

01 희생양화의 특성

혜진이는 침울한 분위기에 휩싸인 거실로 들어왔다. 거실에서는 엄마와 아빠가 가계지출 문제 때문에 격렬한 말다툼을 벌이고 있었다. 마치 누구 목소리가 더 큰가 하고 시합이라도 하는 것 같았다. 엄마는 혜진이를 보자 언쟁을 잠시 멈추고는 숨을 몰아쉬며 혜진이를 향해 소리쳤다. "이제까지 어디 있었니? 집안일은 하나도 하지 않고 그런 지저분한 얼굴을 하고서. 지금까지 누구하고 있다가 온 거야?"

이제 막 열여섯 살이 된 혜진이는 분노와 불신에 찬 시선으로 엄마를 쳐다보며 "난 엄마가 정말 싫어, 나한테 그런 식으로 소리 지르는 것도 싫고!"라면서 소리를 지르고는 방을 나가 버렸다. 엄마는 아빠를 쳐다보며 "또 시작이네. 애 좀 불러다가 지금까지 어디 있었는지 물어봐요."라고 말한다. 엄마의 강요에 아빠가 소리쳤다. "너 엄마한테 그런 식으로 말하지 마. 당장 이리 와서 지금까지 어디 있었는지 말해." 아무런 응답이 없자 아빠는 계속해서 말했다. "당장 이리 와서 말하지 않으면 넌 이제 밖으로 한 발짝도 못 나가게 될 줄 알아." 엄마는 아직도 화가 나 있었다. 엄마와 아빠의 언쟁은 골칫덩어리인 혜진이를 어떻게 다룰 것인가 하는 화제로 바뀌었다.

혜진이는 가족희생양이었다. 혜진이의 가족은 경제적인 어려움을 비롯하여 가족, 특히 부부간의 의미 있는 대화 부족에 이르기까지 많은 문제를 가지고 있었다. 그러나 혜진이가 집에 오면 이러한 문제들은 옆으로 밀려났다. 부부는 가열된 언쟁에서 비켜서서 자신들이 겪고 있는 모든 불행을 혜진이 탓으로 돌리는 데 시간을 보냈다. 이 가족에서 혜진이는 불행의 원인으로 여겨졌다.

가족희생양은 가족의 짐을 짊어진 사람이며 부당하게 가족 문제의 원인 제공자로 비난받는다. 희생양이 된 사람은 바로 가족체계의 한 성원으로 이러한 문제들에 대해 어느 정도 책임을 갖는다. 그들이 맡은 역할이 편견을 받는 역할임에도 불구하고 희생양이 된 사람은 그 역할을 받아들이고 지지하게 된다(Sieburg, 1985). 희생양을 포함하여 모든 가족원들은 체계의 한 요소를 희생하는 대가를 치러서라도 가족체계의 항상성 균형을 유지하기 위해 행동한다(Sieburg, 1985).

1. 희생양화란 무엇인가?

희생양의 개념은 인류사회에 대한 개념만큼이나 오래된 것이다.

Frazer(1922)는 그의 저서인 『황금가지』에서 희생양화의 역사는 대중적인 희생양화 의식을 행했던 고대로 거슬러 올라간다고 기술하고 있다. 사람이나 동물이 사회의 나머지 구성원들을 위해서 제물이 되었던 것이다. Frazer는 희생양화를 악의 요소들이 눈에 보이는 형태로 구체화되는 것 또는 특정의 매체에 악의 요소가 실리는 과정으로 표현했다. 희생양의 기능은 한 집단의 사람들을 감염시켜온 모든 질병들을 완전히 소탕하는 효과를 발휘하는 것이다.

고대 로마에서는 매년 3월 15일에 짐승 가죽을 뒤집어쓴 남자가 거리를 통과하는 행렬에 끌려 다니다가 길고 하얀 막대기로 얻어맞고는 도시에서 내쫓기는 의식이 거행되었다. 이 사람을 가리켜 Mamurius Veturius, 즉 '지나간 3월'이라고 불렀으며 이 의식은 고대 로마 달력의 첫 만월, 곧 3월 첫날에 거행되었다. 지난해의 3월을 상징하는 짐승 가죽을 뒤집어쓴 남자를 로마연력으로 새해 첫 번째 만월이 시작될 때 도시에서 내쫓았다(Frazer, 1920). 자신의 죄책감과 고통을 집단의 한 사람에게 전가하여 그로 하여금 그 짐을 짊어지게 할 수 있다고 생각한 것은 다른 고대 문화에서도 보편적인 일이었다.

고대 힌두교의 의례에서 갈증의 고통은 아픈 사람으로부터 다른 사람에게로 옮겨질 수 있었다. 집례자가 두 사람을 나뭇가지 위에 앉힌 다음 등과 등을 맞대게 하여 아픈 사람은 동쪽을, 건강한 사람은 서쪽을 향하게 하였다. 이런 식으로 집례자는 갈증의 고통을 한 목마른 영혼에서 다른 영혼으로 옮겼는데, 이때 이 영혼은 의무적으로 목마른 사람을 대신하여 그러한 고통을 받아들였다(Frazer, 1920).

Gary G. Porton(1988)은 세계도서백과사전에서 다음과 같이 적고 있다.

희생양은 원래 고대 예루살렘에서 속죄의 날에 유대교의 사제가 내린 두 마리의 양 가운데 하나를 의미한다. 하나는 히브리 신인 여호와를 위한 것으로 희생제물로 죽임을 당하였고, 다른 하나는 악의 영혼이었던 아사셀(Azazel)을 위한 것으로 희생양이라 불렸다. 사제는 사람들의 죄를 고백할 때 그의 손을 희생양 위에 얹었다. 그러고 나서 희생양을 광야로 놓아 주었다. 이것은 죄가 없어졌거나 용서되었다는 것을 상징하였다.

오늘날 누군가를 가리켜 희생양이라고 말할 때, 그것은 그가 다른 사람의 잘못에 대해 비난을 대신 떠맡는다는 것을 의미한다(p. 172).

가족희생양

일부 문명에서는 집단 성원들의 이익을 위해 희생양을 만드는 것이 하나의 생활방식이었다. 이와 같은 식으로 가족이 그들의 결속력을 유지하기 위해 가족 중 한 명을 희생양으로 이용하는 것 또한 보기 드문 일은 아니다(Pillari, 1986). 일부 집단의 경우 희생양을 통해 외부에 대한 적대감을 투사하는 것은 집단의 단합을 이루는 데 도움이 된다. 이러한 가족에서 희생양이 된 개인은 가족의 긴장을 다른 데로 돌리고 가족에게 결속의 토대를 제공하는 중요한 기능을 한다.

어떤 가족의 경우 가족을 결속하기 위한 구실로 아이를 낳는다. 많은 부부들은 아이가 태어나기 전부터 갈등을 겪는다. 그리고 그들은 아이들이 결혼생활에 도움이 되어 주기를 희망한다. 갈등이 사라지지 않을 때 부부는 '아이를 위하여' 결혼생활을 유지한다. 이때 부부가 서로에 대해 가졌던 분노가 자녀에게 돌아갈 수 있다.

아이들이 부모를 위해 그런 방식으로 살기를 원할까? 그것은 경우마다 다르다. 희생양이 되지 않은 아이들의 경우 대부분 가족 갈등과 가족 병리에서 도망쳐 버리고 싶은 강렬한 욕구를 느끼기 쉽다. 어떤 사람은 자신이 부모와 살 때 항상 다툼과 고통 속에 있었기 때문에 부모가 이혼하길 바랐다고 말했다. 다행히 그 사람은 가족 희생양이 아니었고 가족의 상황에 대해서도 어느 정도 객관적으로 볼 수 있었다. 희생양이 된 자녀, 특히 일생동안 지속적으로 희생양이 되어 온 자녀는 아마도 모든 가족의 고통에 대해 책임을 느끼고 상황을 개선시키기 위해 신체적으로나 정서적으로 계속 가족에 머물러 있기를 바랄 것이다.

Simon, Stierlin 그리고 Wynne(1985)은 가족 이론 및 치료에 적용했을 때 희생양이라는 이러한 고전적인 은유가 부모들이 다른 가족원에게 있는 문제를 보거나 과장함으로써 그들 사이의 갈등을 풀기 위해 노력하는 상황을 뜻한다고 했다. 보통 그러한 사람은 '선택' 되거나 희생양이 되도록 '차출' 된다. 이상적인 희생양은 적어도 정신적 발달수준에서 보다 약하고 왜소한 사람들이다. 그러므로 이러한 유형의 억압을 받는 데 가장 손쉬운 대상은 나이 어린 사람으로, 대개는 자녀이다.

부모들은 문제가 있는 결혼관계에 화합을 유도하기 위해 자녀 중 한 명에게 대인관계상의 긴장과 갈등을 투사한다. 그러면 그 자녀는 갈등의 짐을 대신 지는 위치에 서게 되고 그 결과 갈등이 우회하게 되는 삼각관계에 놓이게 된다. 삼각관계란 제삼자를 끌어들여 갈등이 있는 이인관계를 확장하는 것을 말한다. 삼각관계는 갈등을 확산시키거나 위장하는 결과를 초래한다. 부부 중 한 사람이 이기고 지는 딜레마에 직면할 때 또는 자신들의 관계가 더 이상 지속되지 않을까 걱정될 때 그러한 딜레마의 해결책으로 제삼자를 끌어들일 수 있다. 계속해서 지는 부모는 눈에 띄거나 또는 띄지 않게 제삼자와 유대를 맺어 자신의 패배를 보상하려 들 수 있다. 그렇게 함으로써 부부관계의 균형을 다시 세울 수 있다. 이러한 것이 바로 빗나간 삼각관계가 된다. 부부 사이의 갈등은, 희생양 자녀가 문제를 제공하거나 문제행동을 하도록 위임되었을 때 자녀 쪽으로 관심을 돌리게 만든다(Simon, Stierlin & Wynne, 1985). 이러한 개념은 '삼각관계' 라는 제목으로 나중에 자세히 설명할 것이다.

자녀를 수동적인 피해자로 보고 부모를 죄책감을 갖는 당사자로 본다면 건설적인 관계를 만들기 위한 방법은 거의 존재하지 않는다. 가족 관계는 순환적이며 가족이 자신의 문제에 대처하고 적응하는 데는 다양한 방식이 존재한다. 어떻게 한 자녀가 삼각관계에 끼어들게 되는가? 만일 한 가족 성원이 다른 가족원을 미치도록 만들거나 문제를 일으키도록 만든다면, 그때 그렇게 만든 사람은 자신이 갖고 있던 광기나 문제행동에서 벗어나게 된다. 투사와 비슷한 기제에 의해 성인 가족원의 행동은 때때로 자신의 병리를 예측할 수 있다. 즉, 자신의 문제를 회피하기 위해 그들은 무의식적으로 한 명의 나약한 자녀를 선택하고 지명하여 그 아이를 가족희생양으로 이용한다.

가족 상호작용

희생양을 만든다는 것은 다른 어떤 관계적인 병리 현상보다도 하나의 체계로 가족을 바라볼 때 더욱 잘 설명될 수 있다. 가족을 하나의 체계로 본다는 개념은 Ludwig von Bertalanffy(1934)가 선구적으로 주장한 일반체계이론에서 시작되었다. 생물학에서 Bertalanffy의 초기 연구는 개체로서 생명의 본질적인 현상을 '유기체' 라고 불렀다.

Bertalanffy(1968)에 의하면 하나의 유기체는 서로 상호작용하는 상호의존적인 과정들로 이루어져 있다.

Bertalanffy의 말을 달리 표현하면 가족체계란 상호작용 속에 있는 인지적·정서적·행동적 과정을 가진 사람들의 질서라고 할 수 있다. 이러한 가족체계 내에는 환경과 물질과 에너지를 교환하는 수많은 방식과 스타일이 있다. 그 속에는 교환이 실제로 일어나지 않았지만 교환이 일어난 것처럼 상상하는 인간의 독특한 능력이 포함된다. 가족체계는 보통 자기조절적인 능력을 가지고 있으며, 그것은 도덕, 정치, 사회, 종교, 경제와 함께 독특한 가치와 제약을 포함한다. 게다가 그것은 본래 활동적이어서 가족역동에서의 갑작스러운 변화를 이해하기 위해 가족체계 밖을 쳐다볼 필요가 없다(Okun & Rappaport, 1980).

Kerr와 Bowen(1988)은 정서적으로 결정된 가족의 기능화가 한 가족의 정서적 '분위기' 혹은 '영역'을 만들며, 이것이 다시금 각 개인의 정서적 기능에 영향을 미친다고 지적한다. 그 결과 정서적으로 유도된 관계체계가 형성되어 모든 가족 내에 존재하게 된다. 정서적 과정의 강도는 가족마다 다르고 같은 가족체계 내에서도 시간이 지남에 따라 다를 수 있다. 그러나 그것은 항상 어느 정도 현존한다. 가족체계 내의 이러한 정서적 과정은 서로 다른 기능의 지위를 차지하는 가족 성원들에게 하나의 결과로 나타난다. 가족에서 한 사람의 기능은 그의 신념·가치관·태도·감정·행동에 중요한 영향을 미친다.

가족기능 체계의 또 다른 중요한 측면은 가족원들이 서로에게 호혜적인 관계로 작용한다는 것이다. 손위형제가 손아래동생의 행동에 영향을 미치는 것만큼이나 손아래동생도 손위형제의 행동에 영향을 미친다. 달리 말하면 '과잉 기능하는' 사람이 '과소 기능하는' 사람의 태도나 감정, 행동을 만드는 것만큼이나 '과소 기능하는' 사람도 '과잉 기능하는' 사람의 태도나 감정, 행동을 만든다는 것이다.

감정, 신념 그리고 태도 이외에 호혜적인 기능도 가족체계 내에서 다양한 기능적인 위치를 만들고 유지하는 데 중요하고도 결정적이다. 희생양이 된 자녀가 있는 가정에서 공통적으로 발생하는 행동의 반복적인 패턴은 개인의 병약함이나 내적인 갈등으로 인한 것이라기보다 그 패턴들이 전체 가족체계의 기능성에 유용하기 때문에 일어난다. 만일 어떤 가족원이 희생양의 역할을 못한다면 다른 가족원이 그 역할을 맡게 된다. Ackerman은 정신병에 걸린 딸을 둔 가족을 치료할 때 이러한 상호의존의 유형에 대해 언급한 바 있다.

예전에 불안정한 상태의 정신병 초기증상을 나타내는 16세의 외동딸을 둔 가족을 치료한 적이 있었다. 그 가족을 지켜보고 그들을 인터뷰한 영상기록을 거듭 살펴보는 동안 이런 생각이 강하게 스쳤다. 가족의 한 구성원이 살아나면 다른 구성원은 죽는 것 같았다. 이것은 단순한 말 그대로가 아니라 애정의 흐름을 말하는 것이다. 애정적으로 말하자면 소생한다는 것의 특성은 앞뒤로 흔들거리는 시계추처럼 부모에서 딸에게 왔다갔다하는 것으로 보였다. 내가 그 과정을 연구할 때 그것은 일관되고 반복적인 패턴으로 일상사가 되어 버렸다. 정신병에 걸린 그 어린 소녀가 소생의 기미를 보이면 부모들은 말 그대로 가라앉고 내가 보는 앞에서 죽는 것 같았다. 반면 부모들이 언성을 높이고 흥분하면 그 딸은 힘없이 사라지는 듯했다. 가족의 한쪽은 다른 한쪽이 치르는 희생의 대가로 숨을 쉬고 있는 것 같았다(Ackerman, 1966: 79).

모든 희생양화가 가족체계의 역동을 이해하는 데 도움이 되는 것은 아니다. 그러나 문제를 겪는 대부분의 가족을 보면, 다른 자녀들이 부모와 주변적인 다툼에 끼어드는 경우도 있지만 주로 희생양이 되는 자녀가 부모들 사이에 존재하는 긴장에 연루된다. 적응을 아주 잘하는 가족은 아이들을 병리적으로 연루시키지 않는 식으로 긴장을 처리한다. 그러나 어떤 부모들은 자신들이 풀어야 하지만 미처 풀지 못한 많은 심각한 갈등이 있을 때 한 명의 자녀를 차출하여 '문제'로 만든다. 부모들은 자신들이 정반대의 극단에 놓여 있다고 느낀다. 그래서 한 배우자가 갈등의 한쪽에 있는 다른 배우자에게 반항적인 행동을 하면 그 배우자도 다시 반격한다. 그리고 자녀는 그러한 불화의 중요한 요소로 대표된다. 불화가 심한 상황에서 남편과 아내는 상호 접촉과 애정표현을 최소화하는 평형상태를 발달시킴으로써 함께 살아갈 수 있게 된다. 그러나 이러한 평형상태는 많은 어려움을 내포하고 있다. 예를 들면 다음과 같다.

열네 살인 진영은 부모의 부부문제에 끼어 있다. 아이를 위하여 부부는 차가운 침묵 속에서 함께 살기로 결정했다. 겉으로는 어떠한 분노도 보이지 않는 것이 이 가족이 수용한 현상이었다. 진영은 엄마에게 둘도 없는 비밀친구와도 같았다. 진영은 엄마와 함께 외출하고 엄마의 심부름을 했으며 엄마가 진영이 집에 있길 원하는 날에는 학교도 가지 않았다. 마찬가지로 아빠도 세탁일을 포함한 집안일을 진영이가 도와주길 기대했다. 진영은 가족 책임으로 과중한 부담을 지게 되었다. 그러나 만일 가족의 일상에서 뭔가 잘못되면 순식간에 진영에게 비난이 쏟아졌다. 진영은 아직 어린아이이며 어른보다 더 상처받기 쉽다. 따라서 평형상태와 관련하여 이 가족이 지닌 심각한 문제는 자녀를 희생양으로 만든다는 것이다.

2. 희생양을 만드는 긴장의 원천

어떤 부부는 자신들의 결혼생활과 배우자의 행동에 대해 깊은 두려움을 가지고 있다. 한 젊은 여성은 남편이 자신의 행동에 대해 어떻게 반응할지 예측할 수 없었다. 그러나 그녀의 남편이 보여 준 반응은 비록 그것이 잠재적으로 상처가 되는 것일지라도 그녀에게 매우 중요했다. 이러한 상황에서 가장 큰 비극은 두 사람 모두 직접 대놓고 말하는 것은 매우 위험하기 때문에 그 상황을 처리할 수 없다고 느낀 것이었다. 그래서 그들은 조종하기, 위장하기, 회피하기 등의 방법에 의존하였고 각자의 성격 패턴 때문에 부부 사이에는 긴장이 일어났다.

나영은 남편인 동훈 때문에 화가 났다. 왜냐하면 그녀가 친구와 함께 있을 때 은근히 그녀에게 모욕을 주었기 때문이다. 그래서 아이들에게 남편이 싫어하는 짓을 하도록 일러 놓음으로써 앙갚음을 하기로 했다. 그녀는 남편의 귀가 시간에 맞춰 아이들에게 장난감을 가지고 차고에 가서 놀라고 하였다. 퇴근 후 집으로 돌아온 동훈은 차고에서 놀고 있는 아이들을 보았다. 매우 화가 난 그는 경적을 울리며 아이들에게 비키라고 소리를 질렀다. 그는 특히 말썽꾸러기로 여기고 있는 네 살 난 석환에게 화가 났다. 그때 나영이 천천히 걸어 나왔다. 그녀는 남편을 화나게 한 것에 매우 고소해 했다. 동훈도 그 상황을 연출한 것이 아내임을 알아차렸다. 나영은 남편이 자신의 친구 앞에서 모욕적으로 화를 낸 것에 대해 교묘하게 앙갚음을 한 것이다. 지금 남편 또한 그녀로 인해 기분이 상했다. 그러나 나영은 네 살배기 석환이 말썽이라는 남편의 말에 동감을 표한다.

이러한 가족에서 부부 사이의 긴장을 깨뜨리기 위해 선택된 사람은 자녀인 석환이었고 석환이는 빈번히 희생양이 되었다.

문화적 가치 지향

사람들은 자신이 태어나서 자란 원가족에서 습득한 서로 다른 가치관을 지닌 채 결혼한다. 인종이나 국적이 다른 남녀가 결혼할 경우 갈등의 여지가 더 많은데, 특히 한쪽이 상대방의 방식을 이해하거나 받아들이는 데 어려움을 겪을 때 그 갈등이 더욱 심하다. 서로 다른 방식으로 사회화된 부부의 경우 그들은 서로 다른 가정(假定) 하에서 생활하는 것일 수 있다. 치료 과정에서 많은 가족들은 이러한 종류의 문제들을 가지고 있다. 어떤 사람은 자신이 내면화되지 않은 다른 패턴으로 재빨리 변하려고 애쓰는 반면 어떤 사람은 갈등의 국면을 계속 유지하고자 한다.

그러므로 서로 다른 가족적 배경을 가진 남편과 아내가 만났을 때나 잘못된 이유, 가령 혼전 임신이나 또래집단의 압력 또는 갈등이 심한 가정에서 도피하기 위한 수단으로 결혼을 한 경우 결혼의 결속력은 의심스러울 수 있다. 또한 자아존중감의 수준이 서로 다른 사람들이 결혼할 때도 긴장과 갈등이 일어난다. 두 배우자 모두 자아존중감이 낮을 때 결혼생활에서 문제가 일어날 가능성이 증가한다 (Pillari, 1986). 자아존중감이 낮은 부부들은 또한 개별화가 덜 되어 있으므로, 완전한 행복을 위해 서로에게 기대하다가 결국 뒤얽힌 패턴으로 끝이 나고 만다.

　문화적 가치의 갈등에서 일어나는 어려움들은 때때로 개인의 수행능력의 문제에 집중된다. 흔히 미국인은 중산층의 성취 패턴을 지향하려는 경향이 있다. 미국 중산층의 가치 중 일부를 내면화하고 있는 동시에 부분적으로 자신의 고유한 민족적 가족체계의 가치를 내면화한 가족은 두 가지 가치체계를 지키며 사는 것이 불가능하다는 것을 알 것이다. 어떠한 타협도 하지 않은 채 가족이 다른 가치체계를 제치고 어느 한 가지 가치체계를 선호하여 택하는 경우 갈등이 일어난다.

　마흔 살이 된 미은과 그녀의 남편인 민섭은 결혼한 지 15년이 되었다. 미은은 수용적이고 민주적인 가족문화에서 자란 반면 민섭은 보수적인 가정에서 자랐다. 그들이 결혼할 당시에 민섭은 적어도 경제적인 여유와 사회적 지위에 있어서 만큼은 미은의 이상형이었다. 민섭은 매우 보수적이어서 어떻게 일이 되어야 하는지에 대해 규칙을 정해 놓았다. 그러나 시간이 갈수록 미은은 민섭이 성질 나쁜 독재자 같은 사람이라는 것을 발견했다. 이러한 차이에도 불구하고 그들은 헤어지는 것이 두려웠다.

　가족 내 긴장이 쌓이기 시작하자 그들은 아이를 갖기로 결정했고 아이가 두 사람의 문제를 개선할 것이라고 생각했다. 그러나 한 명의 자녀로 문제가 말끔히 사라지지 않자 결국 네 명의 자녀까지 두게 되었다. 그럼으로써 상당한 가족 긴장과 갈등을 초래하고 말았다. 아이들은 부모 중 누가 옳고 누가 틀렸는가에 대해 제각각 편을 들었다. 장녀인 예슬은 오랫동안 이 과정에 개입되었다. 맏이로서 희생양으로 뽑힌 예슬은 어쩔 수 없는 상황에 놓이게 되었다. 그리고 결국 부모가 모든 잘못을 항상 예슬이 탓으로 돌리는 상황에까지 이르게 되었다. 열네 살이 던 예슬은 친구들과 밖에 나가는 것조차 허용되지 않았다. 부모가 딸이 데이트를 하지 않더라도 난잡하게 될까 봐 걱정했기 때문이다.

희생양화는 예슬이가 유아 때부터 시작되었다. 커 갈수록 예슬이는 집에서 일어나는 다양한 갈등을 알게 되었고 부모가 결혼생활을 유지 하길 바랐기에 자진해서 희생양의 역할을 맡게 되었다. 성인이 된 예슬 은 어느 치료자가 말했듯이 계속해서 자신에게 고통과 불안, 스트레스 를 주는 역할을 맡았다. "가족의 역동에서 오랫동안 떨어져 있는 꽤 성 공한 성인들 중 여전히 직장생활이나 인간관계에서, 심지어는 신앙생 활에서 '희생양 역할'의 신화 속에서 벗어나지 못하고 있는 것을 보면 놀라울 뿐이다."

비대칭 가족과 분열된 가족

Lidz 등(1958)에 의하면 역기능적인 경향이 많은 두 가지 유형의 가족이 있다. 1950년대 New Haven 지역에서의 조사에 근거하여 Lidz와 그의 동료들(Lidz, Fleck, & Cornelison, 1958)은 정신분열증 가 족들을 연구했다. 그들은 자신들이 명명한 '비대칭 가족'과 '분열 된 가족'의 부부관계를 설명했다. 그러한 가족들은 부모의 부부관 계에 혼란이 있었음을 드러낸다. 비대칭 가족의 경우 보통 아버지 가 약한 배우자가 되어 강한 배우자인 아내의 지배를 받아들이며 그 것에 저항하지 않는 부부관계의 특성을 보인다. 분열된 가족의 경 우 부부관계가 만성적인 적대감과 상호 위축이라는 특징을 갖는다. 비대칭 가족이나 분열된 가족에게 있어 결혼생활은 괴롭힘으로 가 득 차 있으며 공동의 목표나 역할의 호환성이 없다. 각 배우자는 융 통성 없이 경직되어 있고 고정관념화된 역할을 맡으며 다른 가족원의 변하는 요구에 반응할 수 없다. 이러한 결혼생활에서 야기된 긴장은 경직된 부모 역할에 붙잡혀 있는 자녀들에게 문제를 초래한다. 즉, 그런 아이들에게는 분노와 두려움이 자리함으로써 혼란과 심지어는 병리적인 문제까지 초래한다. 그와 같은 문제를 가진 아이들은 부정적인 관심의 대상이 되며 나중에는 희생양의 역할을 떠맡게 된다.

아영은 사랑하지 않는 남자인 근석과 결혼해서 준호를 낳았다. 그러나 준호는 남편의 아이가 아니라 잠시 그녀의 연인이었던 영진의 아이였다. 하지만 그녀는 영진도 사랑하진 않았다고 했다. 나중에 그녀는 근석과 이혼한 후 우현과 결혼했다. 준호의 아버지가 그녀의 첫 남편이 아니라는 것을 우현이나 준호는 알지 못했고, 아영은 혼자서 그 사실을 비밀로 하였다.

아영과 우현은 심각한 부부문제를 키워 갔고 이런 상황에서 아영이 미워했던 준호가 희생양이 되었다. 준호는 일 년에 한 번씩 영진을 찾아갔지만 그가 자신의 생부라는 것을 알진 못했다. 준호는 단지 삼촌을 만나러 가는 것으로 생각했고 엄마인 아영은 이와 같은 상황을 계속 유지시켰다. 준호가 열세 살이 되었을 때 희생양화는 더 악화되었다. 아영의 두 번째 결혼 또한 힘없이 무너져 가고 있었다. 준호는 '우리를 구해줘.' 라는 무언의 메시지를 들었고 그에 따라 학교나 집에서 말썽을 부리기 시작했다.

가족 안에서 일어나는 이러한 소동과 고통 속에서, 우현과 아영 사이에 태어난 준희는 '착한 아이' 로 여겨졌다. 희생양이 된 오빠 준호가 '나쁜 아이' 노릇을 잘했듯이 열 살의 준희는 자신의 역할을 아주 잘해 냈다. 준희는 친구도 없었고 치료 기간 동안 애정표현을 하는 법도 없었다. 그러나 부모들은 계속해서 준희가 '참 좋은 아이'라고 주장하였다. 가족의 귀여움을 독차지한 준희는 우쭐해져 항상 자기 마음대로 하였다. 그녀는 자신에게 최면을 걸어 눈물을 흘리거나 순교자 같은 태도를 보이기도 했는데, 그 모든 행동들이 상황에 적합한 것이었다. 이러한 행동을 통해 준희는 부모와의 갈등에서 벗어날 수 있었다. 준호는 항상 불이익을 받아 왔고 계속해서 가족의 분노와 고통을 받는 존재였음에도 불구하고 희생양의 역할에 '고착'되어야만 했다.

삼각관계

Bowen(1976)은 적어도 두 사람이 '자동 정서반응 체계'에 연루된다고 말했다. 긴장이 적을 때 대부분의 이인관계는 매우 평온하고 안정된 방식으로 작동한다. 그러나 긴장과 불안 수준이 높아 부부가 처리할 수 없을 때, 그 긴장을 줄이기 위해 보통 제삼자가 끼어드는 '삼각관계'를 성립하게 된다. 대개는 가장 상처받기 쉬운 인물인 자녀가 이런 방식으로 이용될 것이다. 아이들은 자아분화가 덜 되었고 보다 취약하며 매우 긴장된 두 사람, 즉 부모의 감정에 의해 이끌리기 쉽다. 이런 이유로 아이는 삼각관계에 휘말리게 된다. 삼각관계는 삼각관계가 깨진 이후에도 오랫동안 개인을 무능력하게 만든다.

Minuchin(1974)은 경직된 삼인관계라는 개념하에 병리적인 삼각관계 구조의 상이한 형태들에 대해 묘사했다. 삼각관계 안에서 암암리에 혹은 외현적으로 갈등을 겪고 있는 부모는 자신의 배우자와 자녀와의 관계를 희생하면서까지 자녀에게서 동정과 지지를 얻어내고자 노력한다. 이렇게 되면 자녀는 치열한 충성심의 갈등에 놓이게 되는데 Minuchin은 이것을 갈등의 우회, 희생양화 그리고 자녀의 삼각관계화라고 일컫고 있다.

긴장 수준이 너무 높아서 하나의 삼각관계만으로 일소되기가 어려울 경우 다른 사람이 그 관계에 끼어드는 관계가 만들어질 수도 있다. 그러므로 확대되고 상호연관된 일련의 삼각관계들이 생겨날 가능성이 있다. 게다가 모든 동원 가능한 가족원들이 삼각관계를 이룰 때 그 가족은 확대가족이나 이웃 마침내는 경찰이나 다른 복지 기관 담당자에게로까지 삼각관계를 넓혀 나갈 수 있다(Bowen, 1976).

가족의 정서체계와 함께 갖게 된 혼란으로 지적 · 정서적 분화의 정상적인 과정은 억제되고 방해받는다. 아이가 삼각관계에서 빠져 나갈 우려가 있는 어떠한 성장도 가족의 항상성을 위협하는 것으로 간주된다. 그 결과 아이의 자아분화는 지체되고 가족의 현재 기능 수준을 유지하기 위해 가족체계의 요구에 종속되게 된다.

자아분화란 무엇인가? Bowen(1976)에 따르면 자아분화에는 수준이 있다. Bowen은 개인과 체계의 성숙을 지적인 면과 정서적인 면 사이에서 이루는 융합 혹은 분화의 정도에 따라 달라지는 것으로 본다. 분화 수준이 낮은 사람들은 자신의 원가족으로부터 자신의 생각과 감정을 분리할 수 없는 반면, 분화 수준이 높은 사람들은 효과적으로 기능할 수 있으며 자신의 원가족으로부터 독립적인 판단과 결정을 할 수 있다.

Bowen은 자아의 분화를 네 가지 수준으로 분류하였다. 가장 낮은 분화 수준에 있는 사람들은 어떠한 가족 딜레마에도 계속 취약해지는 식으로 가족 자아군과 융합되어 있다. 미분화된 가족 자아군과 정서적으로나 지적으로 융합되어 있기에, 그들은 전적으로 관계지향적이 되며 합리화뿐 아니라 애정과 인정을 구하는 데 엄청난 에너지와 시간을 소모한다. 분화 수준이 높을수록 개인은 가족의 정서적인 관계 내에서 더 나은 통합을 하게 되며, 개인 내에서도 지적인 면과 정서적인 면 사이의 더 높은 수준의 분화가 가능해진다.

더 낮은 분화 수준을 보이는 가족의 경우 가족에 만연되어 있는 스트레스에 대한 불안과 걱정이 있으며 그것은 만성적인 불안의 형태로 존재한다. 가족체계 내의 만성적인 불안은 희생양을 만들며 그로인해 추가적인 고통으로 증후군 형성, 역기능, 질병이 생긴다.

문제가 무엇이든지 희생양이 된 사람은 나머지 가족과 함께 가족의 항상성을 유지한다. 비록 그 항상성이란 것이 불행과 괴로움을 뜻한다 할지라도 그런 가족들은 보통 엉켜 있으며 분리되기보다 고통 속에 함께 묶여 있다.

3. 희생양의 선정

선정 요인

희생양의 역할에 중요한 요인들은 가족 내의 해결되지 않은 긴장이다. 이러한 긴장은 너무 심각해서 해소되지 않고서는 가족이 잘지낼 수 없다. 긴장을 해소하는 가장 흔한 방법은 적임자를 찾아서 긴장을 상징화하는 것이다. 이 책의 사례들에서 희생양으로 선정된 사람은 가장 상처받기 쉬운 사람이었다. 많은 문제를 가진 가족들의 경우, 특히 부모가 외부 지역사회의 기준을 내면화하고 있어서 외부인을 희생양으로 만들 만한 근거를 찾기 어렵다면 외부인을 통해 긴장을 해소하기란 어려운 일이다. 비록 가족 성원들이 외부인에 대한 강한 적대감을 경험한다 해도 직접적으로 그런 감정을 표현하는 경우는 거의 없다. 대신에 그들은 그 감정을 가정으로 가져와서 무의식적으로 약한 자녀를 가족희생양으로 만든다.

　그러나 어떤 가족은 외부인들을 완전히 무시하지는 않는다. 이런 상황에서 부모는 자신들의 문제와 약점을 피하기 위해 상관이나 교사, 이웃, 백인이나 흑인 같은 외부인을 비난하고 외부세계와 상호 연결된 삼각관계를 형성한다. 희생양이 된 아이나 아이들을 포함한 하나 혹은 다중의 삼각관계만으로는 가족의 모든 긴장과 불안을 흡수하기 어렵다. 그러나 그런 가족에서의 긴장이 반드시 외부세계에서의 어려움을 초래하진 않는다. 흔히 부부간에 잠재된 적대감이 있을 때 두 사람 모두 자신의 문제를 직접적이고도 공개적으로 처리하기는 매우 어렵다. 항상 어느 한쪽이 극도로 화가 나 있거나 원한을 품게 될 위험이 있다. 이러한 요인들은 가족의 긴장을 해소시켜 줄 가장 적절한 개인인 자녀에게 모아진다. 왜 이런 일이 일어나는가? 첫째, 자녀는 부모와 비교해서 상대적으로 무력한 입장에 있다. 둘째, 어린 자녀는 가족을 떠날 수도 없고 부모의 우월한 권위에 대들 수도 없는 의존적인 입장에 있다(Vogel & Bell, 1981).

　Sieburg(1985)가 말했듯이 자녀를 희생양으로 삼는 것은 주로 무의식적인 과정을 통해서다. 그러나 희생양의 선정은 나머지 가족원의 특징과 구별되는 자녀의 어떤 특성에 기초한다. 가령, 희생양이 된 어떤 자녀는 가족들이 나약하다고 생각하는 아이였다. 희생양으로 뽑히는 자녀의 특징은 임의적인 것이 아니다. 그 특징은 가족 내 실제 긴장의 원천과의 상징적 관계라는 관점에서 보면 중요한 것이다. 예를 들면, 부모의 표현되지 않은 갈등이 남편이 출세하지 못한 것과 관련 있다면 공부를 못하는 자녀가 자연스럽게 희생양화의 표적이 된다. 자녀의 학업 실패는 남편의 전문적 지위 상태를 보여 주는 것이다. 남편의 실패를 인정하지 않고 지나갈 수 있음에도 아내가 계속해서 자녀를 비난하는 것은 남편의 경제적 · 직업적 지위에 대한 불만의 표현인 것이다. 희생양이 되는 즉시 자녀는 가족의 다른 문제들을 지고 가는 사람이 된다.

희생양 선정에 영향을 줄 수 있는 다른 요인은 성별과 출생순위이다. 만일 부모나 부모 중 한 명이 원가족에서 여자형제와 좋지 않은 경험을 가졌다면 희생양이 되는 자녀는 딸일 수 있다. 만일 손위형제와 문제가 있었다면 희생양으로 맏이를 택할 수도 있다. 보통 무의식적으로 선정된 자녀는 지능지수가 낮거나 신체적 기형으로 고통을 겪거나 매력적이지 않은 경우가 많다. 이는 부모들에게 차별해도 잘못이 아니라고 말할 만한 변명거리가 된다. 또한 그러한 요인은 아동에게도 역할을 부과하는 결과를 초래한다. 가령, 알코올 중독 가족에서 희생양이 된 자녀는 대개 수줍음을 잘 타고 자기주장을 하지 못하며 지나치게 예민하다.

역할 부과

일단 가족희생양으로 뽑히면 그 자녀는 '문제아'가 될 것으로 예상된다. 앞서 말했듯이 이러한 자녀는 다른 원인에서 오는 가족 긴장을 해소하는 데 도움이 된다. 일반적으로 그 역할은 매우 분명하다. 또한 자녀는 야기되는 긴장과 불안에 극도로 예민해져서 관심을 끌기 위해 나쁜 짓을 하거나 완벽한 자녀 역할을 하는 식으로 반응한다. 나쁜 짓을 함으로써 자녀는 가족이 다른 긴장에서 벗어나게 하고 가족에게서 느끼는 고통과 분노를 자신에게 성공적으로 돌릴 수 있게 한다. 그러한 자녀의 행동은 가족체계가 균형을 잃을 때 자신이 느끼는 불안을 줄이기 위한 것으로 보인다. 그는 가족의 긴장을 매우 잘 알고 있기 때문에 자신의 잘못된 행동이 가족 내 긴장을 줄이는 데 기여하는 한 그 행동을 반복할 것이다. 따라서 그러한 자녀는 가족의 항상성을 유지하는 데 기능적인 역할을 하게 된다.

가족원이 부여하거나 수행하는 역할은 그 사람의 정체감과 밀접하게 관련되어 있다. 역할이 조직되면 그 역할은 우리가 누구인지, 우리가 어떻게 해야 하는지, 다른 사람들이 우리에게 어떻게 행동하는지를 알려 준다. 가족이 가족원들을 부를 때 쓰는 별명이나 애칭은 가족 내에 존재하는 신화를 나타내며 가족원들에게 서로 다른 지위를 부여한다. 어떤 자녀는 '금쪽같은 아이'로 또 다른 자녀는 '집안의 걱정거리', '못난이'로 묘사될 수 있다. 자녀가 어릴 때조차 가족 내에서의 역할 조성은 매우 복잡한 과정이며, 가족원 간의 상호작용과 심리적 경험, 여러 세대에 걸쳐 내려오는 가족 내의 전설 같은 이야기(Karpel & Strauss, 1983) 그리고 사회적 맥락을 내포한다.

자기 자식을 돌보고 사랑해야 할 부모들이 어째서 자녀를 희생양으로 만드는 것일까? 보통 부모들의 방어기제는 무너지기 쉽지만 자녀들의 방어기제보다는 강하다. 자녀의 인성은 아직 형성되는 중에 있으므로 가족이 부여하는 특정한 역할을 수긍하도록 만들어질 수 있다. 부모가 싫어하는 특성이나 그들이 싫어하는 원가족원의 특성을 자녀가 가지고 있을 때, 이러한 자녀는 상징적으로 부모의 불안을 집중시키는 사람이 된다. 희생양이 된 사람은 심한 긴장을 드러내며 정상적인 발달과업을 수행할 수 없게 된다. 하지만 가족을 위해 필수적이고도 남이 대신할 수 없는 기능들을 계속해서 수행하게 된다. 어떤 면에서 잠시 동안 이러한 가족이 갖게 되는 기능적인 이득과 비교해 볼 때 희생양이 된 자녀의 고통과 역기능의 정도는 상대적으로 감수할 수 있는 것이 된다.

앞서 언급한 대로 희생양이 된 자녀는 신체적으로 결함이 있거나 매력적이지 못할 수도 있다. 그래서 문제가 생기면 초점의 대상이 되는 것은 이러한 자녀이다. 이러한 자녀는 가족들이 꿈꾸었던 가족생활을 하지 못하게 되었거나 부부간의 정절을 지키는 것과 같은 내면적인 가족 가치에 맞춰 살지 못하게 된 것에 대한 일종의 초자연적인 징벌로 여겨지기도 한다. 또한 기형인 자녀는 부모들이 지은 죄의 결과로 간주되기도 한다. 그러한 상황에서 자녀는 가족의 문제를 떠맡게 되어 학대받을 수도 있다.

정섭의 엄마인 세화는 여섯 명의 자녀를 낳는 동안 불행한 결혼생활을 해 왔다. 엄마는 여섯 명의 자녀 가운데 정섭을 희생양으로 대했다. 정섭은 사팔뜨기인데다 얼굴에 유난히 크고 시커먼 점이 있었으며 폭력적인 남편 종수를 닮았다. 엄마는 정섭에게 화를 내며 무시하는 태도로 대했다. 어느 날 정섭의 부모는 심하게 다투었다. 그 부부싸움의 끝에 종수는 세화를 때리고는 집을 나가 버렸다. 세화는 남편이 집을 나가자 좋아했지만 막상 아이들에 대해 그리고 아이들을 먹여 살릴 일을 생각하자 겁이 났다.

그러는 동안 정섭에 대한 세화의 분노는 전례 없이 극에 달한 것 같았다. 그러던 어느 날 그녀는 홧김에 정섭의 손을 끌어다가 난롯불 속으로 집어넣었다. 그녀의 생각은 정섭이 나쁜 아이이며 정말로 골칫덩어리라서 정신을 차리게 하기 위해 벌이 필요했다는 것이었다. 정섭이 받은 학대는 심각한 수준으로 간주되었고 위탁가정에서 일시보호를 받기에 이르렀다. 세화는 어렵게 아들을 데리고 왔지만 계속해서 정섭이 모든 가족 문제의 원인인 것처럼 대했다. 결국 몇 차례 위탁보호시설을 거친 후에 정섭은 거주시설에 들어가게 되었다. 거기서 그는 엄청나게 극에 달한 욕설과 반항적인 행동을 보였다. 아이러니컬하게도 세화는 다섯 명의 다른 자녀들은 아주 '착한 아이들'로 간주했다.

　부부는 결혼생활에 문제가 있을 때 마치 아무런 문제가 없는 것처럼 위장할 수 있다. 그러나 시간이 흐를수록 그들은 서로의 결점을 더욱 잘 인식하게 되며 갈등 때문에 서로 양극화의 한 극단을 대표하게 된다. Helm Stierlin(1973)은 그것을 '개와 고양이의 결혼', 즉 정반대인 사람들의 결혼이라 불렀다. 이들 부부는 긴장과 불안으로 불행해 하면서도 여전히 서로가 없이는 살 수가 없다. 그런 부부의 분노와 긴장 그리고 고통은 가장 쉽게 이용할 수 있는 대상인 맏이에게로 옮겨진다. 일단 역할이 부여되기만 하면 희생양은 가족에서 그 자녀의 영원한 역할이 된다. 그러나 어떤 자녀는 집을 떠남으로써 자신에게 부여된 역할에서 벗어난다. 엄청난 긴장을 가진 가족에게 이러한 일이 생기면 다음으로 이용 가능한 자녀가 부부의 갈등을 분산시키기 위한 희생양으로 이용된다.

　4남매 중 맏이인 태민은 희생양으로 지정되었다. 가족이 가진 모든 문제는 그에게 옮겨졌고 그 결과 그는 집안에서 가장 피해를 많이 받게 되었다. 그 대신 바로 아래 여동생이 오빠인 태민과 나머지 형제들을 좌지우지했다. 태민이 하는 일은 무엇이든 '아무 소용이 없는 것'으로 간주되었다. 설상가상으로 부모들은 항상 싸우고 말다툼을 벌였다. 아버지는 종종 태민이 부부문제의 원인인 것으로 믿었다. '교정'을 받기 위해 수많은 치료실을 찾았지만 전혀 효과가 없어 보였다. 태민은 치료를 받고 나면 정말로 잘하리라는 생각으로 집으로 돌아오곤 했지만 가족원 간에 갈등이 일어날 때마다 자신이 그러한 갈등에 휘말리게 된다고 말했다. 그리고 그는 집안에서 일어나는 모든 문제의 원인으로 비난을 받았다.

태민은 고등학교에서 좋은 여학생을 만나 친해지게 되었다. 그러다 보니 집에서 보내는 시간이 점점 줄어들었고 성적은 나아졌다. 그러자 이제까지 '착한 아이'로 정해졌던 동생이 반항적이 되었고 집에서만 아니라 학교에서도 말썽을 일으키기 시작했다. 동생은 무의식적인 메시지를 '들었고' 제2의 희생양이 되어 태민이 해 온 것처럼 가족의 문제를 짊어지게 된 것이었다.

앞에서 말한 것처럼 희생양은 반드시 순진무구한 피해자가 아닐 수도 있다. 희생양은 비록 그 역할이 부정적일지라도 가족의 현상 유지가 비록 건강하지 않은 것이라 하더라도 가족을 위해 그 역할을 지원해서 수행하게 되는 것이다.

4. 희생양 역할로의 유도

자녀들이 희생양 역할을 하도록 유도하는 가족 내에는 어느 정도 혼란이 있을 것이라는 점을 기억해야만 한다. 자녀는 자신의 진짜 감정을 회피하고 부인하며 부모는 이러한 자녀를 이용할 수 있다.

희생양의 역할을 하도록 유도된 자녀는 가족을 위해 기꺼이 자진해서 희생할 것이다. 열다섯 살 된 진수의 예를 보자.

진수가 가족의 희생양으로 유도된 것은 아주 어렸을 때부터였다. 그가 기억하기에는 다섯 살 때 부모가 심하게 싸우는 것을 보았고, 그의 엄마는 더 이상 살고 싶지 않다는 결심을 했다. 숨막힐 듯한 우울함에 빠져서 그녀는 욕실 문을 잠그고 칼로 자신의 손목을 그었다. 그녀의 남편은 욕실이 잠겨 있어서 그녀를 구할 수 없었다. 그래서 욕실 창문을 부수고 자기 대신에 진수를 들여보내 엄마가 자살하지 않도록 설득하게 했다. 다섯 살 난 진수는 온통 피투성이가 된 욕조를 보고 충격을 받았지만 책임감을 갖고서 엄마가 자살하지 않도록 설득했다. 그렇게 하여 진수는 매우 분명한 방식으로 희생양 노릇을 시작하게 되었다.

희생양으로 성공하기 위해서 아이는 그 역할과 관련하여 경험하는 고통이나 적대감 그리고 불안을 무시하고 그 역할을 수행해야만 한다. 그 역할을 맡기 위해서 아이는 보통 어른들로부터 암시적인 메시지들을 받아야만 한다. 부모들은 보통 일관성이 없는 메시지를 보낸다. 즉, 그들이 보내는 명시적인 메시지들은 암시적인 메시지와 일치하지 않는데 이런 것들이 아이들에게 혼란을 가중시켜 각기 다른 방향에서 어른들이 자신을 끌어당기고 있다는 생각을 갖게 한다.

불일치

불일치는 아이가 희생양의 역할을 맡게 되는 가장 일반적인 수단이다. 불일치의 가장 흔한 형태는 암시적 혹은 명시적으로 자녀를 그 역할로 유도하는 방식이다. 이러한 명시적이거나 암시적인 역할 부과의 토대하에 아이는 학교나 집에서 반항적인 행동을 하면서 적대감과 비협조성을 나타낸다. 이는 곧 아이와 외부세계와의 관계에 영향을 준다(Vogel & Bell, 1981).

규철은 자기보다 나이 어린 남자아이의 목을 멍이 들도록 조른 일로 정학 처분을 받았다. 선생님으로부터 추궁을 받자 규철은 갑자기 웃으면서 자기는 단지 그 아이와 장난삼아 논 것이며 그 아이가 노는 방법을 몰랐을 뿐이라고 말했다. 어떻게 보면 사건의 진상과 규철의 진짜 감정 간에는 아무런 연관이 없는 듯했다. 처음에 규철은 선생님을 무서워하는 것 같았다. 그러나 규철은 엄청난 불안과 고통을 웃음으로 감추려 한 것이 분명했다. 그의 웃음은 불안에 대한 방어형태였을 수 있다. Malan(1979)의 표현대로 이러한 반응은 피상성의 방어라 할 수 있다. 규철은 자신이 그 아이의 목을 조른 일에 대한 자신의 감정을 점검해 보는 것이 두려운 것이었다.

나중에 규철의 부모는 학교로 호출되어 교장실로 불려 갔다. 적절한 논의 끝에 규철은 정학 처분을 받았고 결국 부모는 그를 집으로 데리고 가야 했다. 부모는 교장 앞에서 규철에게 흥분하고 화를 내는 것처럼 보였다. 그러나 교장실을 나오자마자 엄마는 여학생처럼 킥킥거리며 말했다. "아이가 장난 좀 친 것 가지고 왜 그러는지 몰라." 이 한 마디로 처벌의 심각성은 사라져 버렸고, 은연중에 규철은 학교에서 공격성을 표출해도 된다는 허락을 받았다. 이것은 학교가 구체적으로 비난했던 규철의 행동을 암시적으로 지지하는 것이었다.

그러므로 어떤 상황에서는 이중 메시지가 부모들이 자녀에게 원하는 모종의 역할로 아이를 밀어 넣는다. 이러한 결과는 아이가 학교나 가정에서 말썽꾸러기 역할을 가속화하도록 만들 수 있으며, 알게 모르게 그 아이는 계속해서 희생양이 되거나 계속해서 희생양으로 뽑히게 된다.

부모의 명령에 저항하고 형제들에게 공격성을 표출하는 아이들 또한 이중 메시지를 받는다. 부모들은 그 아이의 '나쁜 행동'을 비난할 수 있고 때로는 처벌도 할 수 있다. 그러나 동시에 부모들이 비난했던 바로 그 행동을 은연중에 지지할 수도 있다.

엄마는 외출하면서 열 살된 지현에게 남동생을 보살피도록 시켰다. 지현이는 남동생인 승현이 우는 것을 보자 엄마가 했던 것 같이 남동생을 때렸다. 그러나 집으로 돌아온 엄마는 승현을 때리고 있는 지현이를 보고 화를 냈다. 그리고 이틀 후 다시 지현이가 동생을 때린 일로 지현이를 심하게 혼냈다. 지현이 엄마한테 순종하지 않자 상황은 더욱 악화되었다. 며칠 후 승현이 말썽을 일으키자 화가 난 엄마는 지현에게 승현이를 데리고 가서 필요하면 때려 주라고 했다.

어떻게 부모들은 미묘하게 아이들을 부추기는가? Vogel과 Bell(1981)에 따르면 몇 가지 방법이 있다. 한 가지 방법은 처벌하겠다고 말해 놓고는 실행하지 않는 것이고 다른 한 가지는 처벌을 지연하는 것이다. "쟤는 원래 그래."라는 식으로 말하면서 부정적인 행동에 무관심하거나 그런 행동을 받아들일 수도 있다. 부모는 자녀의 증상에 유별난 관심을 보일 수 있으며, 그로 인해 자녀는 상당한 이차적인 충족감을 얻는다. 또 다른 부모노릇의 형태는 경계 없는 애정이다. 이런 부모들은 자녀가 말하고 행하고 들어야 하는 것에 어떠한 제재도 가하지 않는다. 나중에 그런 자녀는 무책임하게 행동하거나 권위를 존중하지 않음으로써 가정 안팎에서 문제를 일으키게 된다. 또한 어떤 부모들은 아이의 행복에 있어 중요한 책임을 면제해 주기도 한다.

지성은 항상 숙제가 너무 많다고 불평했다. 엄마는 숙제를 잘 마치라

제1장 학생상담의 특성

고 격려하는 대신에 어린아이에게 그렇게 숙제를 많이 내 준 선생님이 어리석은 것이므로 숙제를 다 하지 않아도 된다고 말했다. 그러나 학기 말에 지성이 형편없는 성적표를 가지고 오자 엄마는 지성이 그렇게 형편없는 학생이었나 하고 놀랐다. 그리고 화가 나서 '바보같이 아무짝에도 쓸모없는 녀석' 이라고 불렀다. 지성은 엄마의 비일관성으로 인해 혼란스러웠다.

아이를 희생양 역할의 덫에 걸리게 하는 또 다른 불일치성의 파괴적인 형태는 같은 행동을 두고 한쪽 부모는 격려하고 다른 부모는 금지했을 때 일어난다. 이로 인해 아이는 부모들의 갈등에 휘말리게 된다. 또한 이러한 딜레마의 가운데서 아이는 부모 사이의 적대감에 직면해야만 하며 그러한 부모끼리의 적대감은 아이에게 되돌아온다. 비록 이러한 감정의 방출이 부부간에 서로 직접 말하는 고통은 덜어 줄지라도 그러한 고통을 받는 어린 자녀는 엄청난 긴장을 갖게 된다. 특정 행동에 대해 부모가 암시적인 태도를 취할 때 부모는 그 행동에 직접 휘말리는 것에서 자유로울 수 있다. 그러나 만일 자신의 상대를 의식하고 있다면 서로 직면하는 것을 두려워할 수 있으므로 모든 적대감이 자녀에게 향하게 되어 자녀는 계속해서 피해자가 된다(Lederer & Jackson, 1968).

때때로 아이의 특정 행동에 대한 한쪽 부모의 지지는 너무도 미묘해서 다른 한쪽이 아이를 비난할 정도로 쉽게 찾아내지 못할 수도 있다. 이처럼 미묘한 부부간의 적대적인 신경전은 결국 그 가운데 놓인 자녀에게로 귀결된다.

기대

    기대는 한 사람을 희생양의 역할로 유인하는 수단이다. 어떤 가족의 경우 부모는 아이에게 서로 다른 명시적이거나 암시적인 기대를 미묘하게 전할 수 있다. 때로 아이의 행동은 매우 나쁜 것으로 비난받고 무거운 처벌을 받기도 하며, 어떨 때는 똑같은 행동을 해도 무시되거나 심지어 은연중에 부모로부터 지지적이고 애정적인 방식으로 격려받기도 한다. 부모들은 자녀에게 엄격한 것을 원치 않는다고 말하면서 자신들의 불일치성과 암시적인 기대를 합리화할 수도 있다. 그러나 그 결과는 아이가 자신이 싫어했던 행동을 지속하도록 돕는 것이다.

    과자를 입에 달고 사는 아이가 있었다. 아이의 그런 버릇은 체중 문제를 초래했다. 그래서 부모는 과자상자를 아이로부터 멀리 떼어 놓았다. 그리고 과자는 몸에 좋지 않으므로 매일 저녁 한두 개만 꺼내 먹도록 아이를 타일렀다. 그러나 부모도 둘 다 과자를 좋아했기 때문에 집에서 과자를 먹을 수 없다는 것은 그들에게 매우 어려운 일이었다. 일단 부모로부터 일관된 메시지를 받은 아이는 과자를 달라고 하지 않았고 찾으러 다니지도 않았다. 그러나 문제가 잘 해결된 것으로 보이자 엄마는 커다란 과자상자를 사와서는 아이의 손이 쉽게 닿는 식탁 위에 올려놓았다. 아이에게 이것은 너무나도 큰 유혹이었고 결국 아이는 상자를 열어 과자를 먹었다.

    부모는 의식적으로 아이가 과자 먹는 것을 허락하지 않았지만 은연중에 과자 먹는 것을 조장한 듯했다. 아이에 대한 암시적인 요구는 명시적인 요구보다 더 강력한 것으로 보였다. 왜냐하면 커다란 과자상자가 손이 닿는 곳에 있었고 그것은 아이가 듣고 싶었던 메시지를 준 것이었다. 또한 아이가 자랄수록 몸에 좋지 않은 과자를 먹지 말라는 제재는 더욱 늘어날 것이고, 가족 문제가 심해질수록 아이는 이미 유도된 그 역할을 하도록 선택될 것이다(Vogel & Bell, 1981).

갈등적인 기대가 오랫동안 공존할 때 그 갈등은 내면화되기 쉽다. 일단 아이가 희생양 역할을 맡게 되면 아이의 역할 부여를 영속화하기 위해 확대적인 나선형이 만들어진다. 즉, 아이가 부모들의 암시적인 메시지를 듣고 문제가 되는 방식으로 행동하자마자 부모는 아이가 진짜로 문제인 것처럼 취급할 수 있다. 그래서 악순환이 가동된다. 부모들이 아이를 문제아로 취급하는 시점과 아이가 그러한 문제들을 내면화하는 시점은 주어진 메시지와 메시지가 반복된 횟수에 따라 좌우된다.

그러므로 아이들이 갑작스럽게 어떤 문제를 발달시키는 일은 없다고 장담할 수 있다. 그것은 시간을 두고 발생하는 점진적인 과정이다. 어떤 사람이 치료받으러 왔다면 악순환이 이미 일어난 것일 수 있다. 아이가 어리지 않다면 외부적인 힘을 제거하여 변화를 만드는 일은 다소 어렵게 된다. 왜냐하면 나이 든 자녀나 어른은 희생양의 역할을 이미 내면화했기 때문이다. 종종 문제가 있는 나이 든 자녀는 가족체계에 안정성을 더해 주며 일단 이러한 상황이 이루어지면 희생양 역할은 한 사람에게서 쉽게 다른 사람에게로 이동될 수 없다.

심각한 문제가 아닌 보통 문제를 가진 가족에서 희생양화의 과정은 한 자녀에게서 다른 자녀에게 옮겨 갈 수 있다. 보통 상호작용의 반복적인 패턴이 일어나는데 이는 누군가의 병약함이나 내적 갈등 때문이 아니라 그러한 패턴들이 전체 가족체계의 생존에 유용하기 때문이다. 가족원 각각의 행동은 임의의 시점에서 가족체계의 상태에 영향을 받으며, 만일 필요한 역할이 어느 한 성원에 의해 수행되지 않는다면 반드시 다른 성원에 의해서라도 수행되어야만 한다 (Sieburg, 1985).

5. 희생양화의 합리화

Vogel과 Bell(1981)의 연구에 따르면 부모들은 희생양이 된 자녀에게 상당한 죄책감을 가지고 있었다. 자녀가 이웃이나 교사, 다른 사람들에게 일탈행동을 하는 것으로 확인되었을 때 그들은 죄책감을 느끼며 이러한 외부의 압력으로부터 도움을 구하게 된다. 부모들은 왜 자녀를 걱정하는지에 대해 막힘없이 설명하였다. 그러나 그들은 자녀를 향한 자신들의 갈등적이고 비일관적인 메시지나 공격적인 행동을 합리화했다.

부모의 피해자 의식

치료과정에서 어떤 부모는 자신을 문제 자녀가 저지르는 나쁜 행동의 '피해자'로 보았다. 그들은 아이가 만든 문제에 자신이 어떻게 대처하였는지를 말하는 데 많은 시간을 보냈다. 이와 같은 합리화는 자녀를 희생시킨 데 대한 부모들의 죄책감을 어느 정도 없애 주는 것 같았다. 아이들의 행동은 그들을 향한 잔소리에 대한 정당화 구실을 계속해 왔다.

또 어떤 부모들은 아이가 자신의 가족에 태어난 것이 얼마나 행운인가를 강조했다. 그들은 아이에게 그 누구도 해 줄 수 없을 만큼 잘해 주고 있다고 생각했다. 이러한 합리화는 장난감이나 특권, 그밖의 아이들이 원하는 물건들을 빼앗아 가기 위해 사용될 수 있을 것이다. 부모들은 또한 아이가 정말로 필요한 것은 갖지 못했다는 하소연을 듣는 것조차 거부했다. 그들은 자신이 어렸을 때는 아무것도 받지 못했지만 자녀를 위해서는 최선을 다한다고 주장하면서 자신을 어떠한 특권도 누리지 못하고 살아온 순교자로 간주한다. 대부분의 부모들은 자신의 자녀가 이전 세대, 가령 자신들보다 더 많은 것을 소유하며 더 많은 자유를 누리고 있다는 사실을 언급했다. 또한 자녀를 엄하게 벌주는 많은 부모들은 자신의 부모들은 그보다 더 엄했다고 강조했다.

이러한 부모의 상당수가 자녀들에게 규칙을 어기라는 암시적인 신호를 보낸다. 하지만 그들은 자신이 그렇게 하고 있다는 사실을 부인했다. 부모들은 희생양이 된 아이의 행동을 고의적이고 나쁘다고 보았다. 그들 대부분은 문제 자녀에게 혼을 내고 엄하게 벌을 줄 필요가 있다고 느꼈다. 교사나 상담가 같은 외부인의 조언이나 도움도 소용없어 보였다. 왜냐하면 그런 부모는 자녀의 성격을 부정적으로 보기 때문이다. 그들은 자신이 특정 자녀를 희생양으로 만들고 있다는 것을 부인했다. 흔히 듣게 되는 신화 중의 하나는 "우리는 아이들을 다 똑같이 대했어요."라는 것이다. 희생양이 된 자녀를 다르게 대했다고 인정하는 부모는 지극히 소수에 불과했다. 그들은 모든 자녀를 똑같이 대했으며 만일 특정 자녀가 행동을 제대로 잘하지 못한다면 그 아이는 다르게 대해야 한다고 주장했다. 그리고 그러한 아이를 다루는 유일한 방법은 신체적으로 체벌을 가하고 특권을 박탈하는 것이라고 생각했다.

이성 자녀에 대한 애정과잉

부모 행동의 또 다른 형태는 다음과 같은 방식으로 나타난다. 어떤 엄마들은 아들에게 지나치게 강한 애정을 나타내며 마찬가지로 어떤 아빠들은 딸에게 그렇게 한다. 만약 자녀가 부모에게 순종하지 않으면 강한 애정은 분노로 변하며 익애는 고통스러운 처벌로 변한다. 어떤 의미에서 부모가 특정한 자녀와 갖는 전반적인 상호작용은 자주 접하기 힘든 배우자에 대한 욕구를 충족시킨다. 따라서 부모는 이성의 자녀에 대해 애증관계를 발전시킨다. 비록 이러한 행동이 매우 방어적인 특성을 가지고 있더라도 부모들은 자신의 행동이 외부세계의 규범과 일치하는 것처럼 행동한다. 그러나 아이에 대해 심각한 왜곡이 있는 경우 부모들은 어떻게 외부의 사회적 규범들이 자신에게 적용되어야 하는가에 대한 비현실적인 생각을 가지고 치료를 받으러 오게 된다.

열 살 된 경구는 엄마의 사랑을 듬뿍 받는 아이였다. 경구는 자신에게 온갖 관심을 쏟는 엄마와 많은 시간을 보냈다. 사무일과 택시 운전이라는 두 가지 일을 하는 아빠와는 정서적으로나 신체적으로 접촉할 기회가 적었다. 종종 엄마는 경구가 나쁜 일은 할 수 없는 아이라고 자랑하곤 하였다.

어느 날 경구는 방과 후 활동 때문에 한 시간 가량 늦게 귀가하게 되었다. 그러자 엄마는 문을 잠그고 경구를 문 밖에 있게 했다. 경구는 자신이 늦게 들어올 것이라는 말을 미리 했었다고 엄마에게 설명했다. 그러나 엄마는 그 설명을 듣지 않으려 했다. 춥고 비 오는 저녁이라 경구는 울기 시작했다. 그 같은 상황을 목격한 이웃 사람이 경찰에 신고했다.

나중에 경구 엄마는 치료를 받으며 이웃과 경찰을 비난했다. 자신처럼 자식을 사랑하는 좋은 부모를 이해하지 못하고, 아들인 경구에게는 면죄부를 주었다고 말이다.

그렇게 문제가 있는 가족이 아니라면 좀 더 수용적인 방식으로 자녀에게 감정을 표현하도록 한다. 어쨌든 역기능적인 가족의 경우 가족의 균형 유지가 필수적이다. 이때 균형이란 미묘하고 불일치하는 여러 감정과 행동의 조정을 필요로 하는 상태이다. 이러한 행동은 사실상 일종의 '무장태세를 갖춘 휴전'이며 폭발의 위험이 아주 큰 상태라고 할 수 있다(Vogel & Bell, 1981).

6. 희생양화의 기능과 역기능

기능
희생양화의 기능 중의 하나는 성격과 가족체계를 안정화시키는 힘으로 작용한다는 것이다. 부모들이 심각한 개인적 갈등이나 부부 간의 갈등을 겪을 때 이러한 갈등을 자녀에게 투사하는 것은 결혼생활에 필요한 자존감을 유지하는 데 도움이 된다.

가족의 중요한 기능 중의 하나는 가족원들을 위한 정체감과 안정감의 원천으로서 결속감을 유지하는 것이다. 그러나 문제가 많은 가정에서는 많은 요인들이 그러한 유대감을 위협하는 것으로 보인다. 일반적으로 자녀 중 한 명을 희생양으로 만드는 부부는 그렇게 하지 않고는 가족을 파괴시킬 수도 있는 문제와 불안을 줄일 수 없다. 더욱이 그런 부부 사이에는 문제 자녀에 맞서기 위해 단합된 부가적인 유대감이 있다. 자녀에게 문제가 있다는 사실은 부모가 자신을 살펴볼 필요도 없이 가정과 가족을 유지하는 데 필요한 과업들을 수행하게 한다.

역기능

만성적인 병이 있는 가족의 경우 희생양을 만드는 것은 사라지지 않는 문제를 다루기 위한 일종의 대처행동으로 볼 수 있다. 이는 애정적인 문제가 있는 가족이나 알코올 중독자 가족 그리고 폭력 가족의 경우에도 해당된다.

또 다른 문제는 희생양이 된 자녀가 싸움이나 도벽, 음주나 무단결석을 통해 자신을 차별대우하고 학대한 부모에게 복수할 때 발생한다. 많은 자녀들이 부모의 불안을 야기하는 일에 노련해지며 부모가 자기에게 기대했던 것을 일부러 망칠 수 있다. 종종 자녀로부터 맞공격에 직면하게 되는 사람은 엄마이다. 먼저 치료를 받으러 오는 사람도 상당수가 엄마이다. 엄마는 자녀로부터의 적대감을 어느 정도 참을 수 있다. 그러나 자녀가 통제불능이 되면 문제를 해결하기 위해 기꺼이 치료기관을 찾게 된다(Vogel & Bell, 1981).

때때로 가정에서 용납되거나 심지어 격려받았던 행동이 학교 장면에서는 수용되지 않는 경우도 있다. 학교는 이러한 대부분의 부모와 자녀들에게 심각한 문제가 된다. 부모들은 학교에서 일어나는 문제와 관련하여 자녀에게 혹은 교사에게 화를 낸다. 만일 자녀가 학교에서 특별한 문제를 가진 것으로 확인되면 이는 문제가 무마되기를 바랐던 부모에게 더욱 어려운 문제를 만드는 것으로 보인다 (Vogel & Bell, 1981).

이웃이나 친구, 친척들의 반응은 가족이 문제를 해결하는 데 유인자극이 된다. 그러나 이것이 실제로 의미하는 것은 친척이나 이

웃은 희생양 자녀가 있는 가족에 대해 비판적이며 그로 인해 가족은 자녀의 부적응 행동을 제거하기 위해 최대한 노력한다는 것이다. 그들의 노력은 자녀의 행동에 대해 벌주고 보상하는 형태를 띨 수 있다.

자녀의 행동이 집 밖에서 부정적인 관심을 끌 때 어떤 부부들은 모든 문제에 대해 상대방을 비난한다. 어떤 아내는 남편이 아이와 더 많은 시간을 보내야 한다고 느낄 수 있으며, 남편 입장에서는 아이는 엄마가 돌봐야 한다고 느낄 수 있다. 이런 식으로 비난이 가족에 재등장하고 부부문제가 확대되면 희생양이 된 자녀는 잊혀질 것이다. 그러나 대부분의 경우 배우자보다는 주로 자녀에게 공격성이 표출된다.

자녀의 성격은 대부분 이러한 문제들로부터 영향을 받는다. 자녀는 오랫동안 부여된 역할을 수행해 온 결과 성격에 엄청난 손상을 입게 된다. 정서적 장애의 발달은 아이에게 놓인 갈등적인 요구를 내면화하는 과정의 일부일 뿐이다. 일시적으로 자녀는 그러한 역할에 대한 보상을 받지만 결국 그 대가는 매우 크다. 어떤 경우 희생양화의 기능이 '집단으로서의' 가족에게는 유용하다고 말할 수 있을지 몰라도 아이의 정서적 건강과 외부세계에 대한 적응 그리고 근본적인 가족을 위해서는 역기능적이다.

다음 장에서 희생양화의 다면적인 양상이 제시될 것이다. 구체적으로 희생양이 되는 느낌과 희생양이 된 사람들의 행동과 역사, 희생양화의 패턴과 장기적인 영향에 대해서도 논의할 것이다.

희생양, 희생양을 만드는 사람
희생양의 가족

1. 가족 장면

소연은 조바심을 내며 남편을 기다렸다. 남편 병진은 오후 여섯 시에 귀가한다고 약속했지만 여덟 시가 넘도록 돌아오지 않고 있다. 그녀는 준비를 마쳤다. 남편이 좋아하는 라일락 색깔의 목이 파인 블라우스를 입고 그가 좋아하는 향수도 뿌렸다. 그러나 남편은 아직 돌아오지 않았다. "왜 늦는 거지? 지킬 수 없다면 애초에 약속은 왜 했냐고? 약속했잖아, 자기가 약속해 놓고……. 왜 전화도 걸지 않는 거야? 적어도 전화로 설명은 해 줘야 하잖아." 소연은 화가 나서 이렇게 혼잣말을 했다.

그때 TV 소리가 크게 났다. 열다섯 살 된 큰아들 지훈이 소리를 질러 가며 TV에 나오는 싸움 장면을 흉내 내고 있었다. 소연은 "정말 그리고 못말려! 쟤는 진짜 골칫덩어리야!"라고 중얼거렸다.

그리고 아들을 향해 소리쳤다. "지훈아, 소리 좀 줄여. 너무 시끄럽다."

"알았어요. 엄마."

소연은 쉬지 않고 왔다 갔다 했다. 여덟 시 삼십 분이 되었는데도 남편은 오지 않았다! 여전히 시끄러운 TV 소리는 소연의 신경을 건드렸다. 소연은 거실로 뛰어나와 소리쳤다. "지훈아 그만해. 참을 수가 없구나!" 그러고는 TV를 꺼버렸다. 그러자 지훈이 다시 TV를 켰다. 소연은 "TV를 끄지 않으면 가만 두지 않을 거야."라고 소리를 질렀다.

지훈이 대답했다. "엄마는 아빠가 시간에 맞춰 오지 않아서 화가 나신 거예요. 그러니까 나에게 소리치지 마세요. 난 아무 짓도 안 했다구요."

아들의 대꾸에 소연은 흥분했다. 그녀는 소리를 치며 지훈에게 화병을 던졌다. 지훈이 재빨리 머리를 숙이자 화병은 창문으로 날아가 유리창을 깨뜨렸다. "넌 지긋지긋해. 지긋지긋하다고!" 소연이 날카롭게 외쳤다. 지훈은 집에서 도망쳤다. 두 명의 다른 아이들은 말 없이 엄마를 쳐다보았다. 소연은 침실로 가서 큰 소리로 흐느꼈다.

지훈은 밤 10시가 지나서야 집으로 돌아왔다. 그는 화가 단단히 난 엄마를 피하기 위해 나무를 타고 창문을 통해 이층에 있는 자기 방으로 들어갔다.

병진은 밤 열한 시에 들어왔다. 소연의 눈은 울어서 붉게 충혈되어 있었다. 남편은 자기가 한 약속을 깜박 잊어버렸다는 것을 깨달

왔다.

"당신은 지겨워." 그녀는 목소리가 크고 오만한 경찰관 남편에게 소리를 질렀다.

"뭐라고?" 병진은 권위적인 어조로 큰 소리를 냈다. 소연이 아무런 반응도 보이지 않자 병진은 이렇게 말했다. "오늘 비상이 걸려서 다른 사람 대신 근무해야 했다고."

소연은 남편의 태도에 놀라서 조용히 흐느꼈다.

"뭐가 잘못인데?" 병진이 물었다. "당신은 내가 밥벌이하느라 고생한다는 것도 모르지. 내가 두 가지 일을 하는 건 당신도 알잖아. 당신 이러면 나 정말 힘들어."

소연은 울면서 말했다. "나도 알아. 당신이 아니라 지훈이 때문이야. 걔는 정말 골칫덩어리야. 걔 때문에 너무 힘들어. 거실에 있는 창문 봤어요? 걔가 깬 거야. 정말 지겨워."

그러자 병진은 "내가 혼내 줄게. 나도 알지, 걔가 그렇다는 걸. 이 놈의 말썽꾸러기, 지금 어디 있어?"라고 말했다.

소연이 대답했다. "여덟 시쯤 들어가서 아직 안 나왔어요."

"뭐라고?" 병진이 고함을 질렀다. "그 녀석 버릇을 고쳐 놓아야겠어. 그 녀석 방에 갔다 올게."

병진은 이층으로 올라가 지훈의 방을 둘러보았다. 지훈은 깨어 있었지만 자기가 '나쁜 아이'가 되어 버린 것을 알아채고는 눈을 감고 자는 척하고 있었다. 병진은 방을 나섰다.

그리고 아내에게 돌아와 "내일 내가 그 녀석을 혼내 줄게."라고 말했다. 그러자 소연은 흐느끼기 시작했다. 그들은 이제 한 가지 문제만을 갖게 되었다. 바로 큰아들 지훈인 것이다!

2. 희생양이 된다는 것은 어떤 느낌인가

앞의 사례를 통해 희생양이 된 지훈이를 보았다. 삼남매 중 맏이인 지훈이는 세 살 때부터 희생양 노릇을 해 왔다. 희생양화가 어른과 아이에게 미치는 영향은 서로 다르다. 희생양이 된 사람의 경우 두 가지 측면의 성격이 발달한다. 즉, 소외되고 수동적이며 분열된 비난자인 자아와 고통받는 희생자로서뿐만 아니라 가족의 구원자로서 감당하게 되는 보상적인 역할이 바로 그것이다. 자녀는 그러한 역할을 하도록 은연중에 허락을 받아 왔기 때문에 그의 에너지는 건설적인 행동으로 모이는 것이 아니라 분열적이고 파괴적인 행동으로 흘러가게 된다. 많은 경우 그 심각성에 놀랄 정도이다. 치료에서 종종 희생양이 된 자녀들은 희한한 방식으로 행동한다. 그들은 가족 문제로 화가 나 있고 괴로워하며 가족 내 다양한 문제에 대해 책임을 느끼기 쉽다.

열세 살 난 남자아이인 성훈은 한 가지 목적을 가지고 내 사무실로 왔다. 그의 목적은 내 기분을 상하게 하고 화나게 만들어서 자신이 집 안팎을 가리지 않고 나쁜 아이라는 것을 스스로에게 알리는 것이었다. 그는 팔이 제멋대로인 것처럼 흔들어대면서 나에게 화가 난 것처럼 인상을 찌푸리며 들어왔다. 그리고 내가 휘말려들 정도로 심하게 말썽을 부렸으며 자신이 어떻게 다른 사람에게 영향을 미치는지 보여 주기 위해 파괴적인 행동을 표출하였다. 그러나 그에게는 자기도 어쩔 수 없을 때에 보이는 또 다른 면이 있었다. 자신의 행동에 대해 아무런 심판을 받지 않았을 때 그의 눈은 '미아가 된 어린 소년'의 눈과 같았다. 성훈은

제2장 희생양, 희생양을 만드는 사람, 희생양의 가족

귀여움을 받고 싶어 하는 강아지를 닮아 있었다. 그러나 그는 귀여움을 받는 것이 상처를 줄지 편안함을 줄지 확신하지 못했다. 혼란스러운 가족에게서 성훈이 경험한 것이라고는 다른 가족원이 저지른 잘못에 대해 싸잡아서 비난을 받는 것뿐이었다. 사랑, 훈육 그리고 가족구조의 안정이란 것은 결코 알지 못했다.

나는 죄책감과 열등감을 느끼며 불안하다

내가 성훈에게서 본 것은 자기 자신을 받아들이고 싶은 욕구와 현존하는 긍정적인 관계에 대한 불편한 감정의 혼합이었다. 성훈은 죄책감과 열등감 그리고 높은 수준의 불안감을 느끼는 짐을 지고 있었다. 그것은 건강하고 보상적인 가족과의 연결이 결여된 것에서 비롯되었다. 성훈은 부모가 자신을 거부하는 것을 자기 탓으로 돌리며 죄책감을 느끼고 있었다. 하지만 그는 언젠가 삼촌에게서 인정받았던 일을 기억하고 있었다. Perera(1986)는 희생양으로 지목된 사람들이 보통 한 번은 인정받았던 희미한 기억을 가지고 있으며, 적어도 자신을 소중히 여긴 주변적인 인물이 한 명 이상 있다고 느끼는 경향이 있다고 지적한다. 이러한 믿음은 자아를 지탱해 주고, 보다 심각한 문제를 초래하는 엄청난 두려움과 자기혐오를 비켜 가게 한다.

때때로 우리 모두는 죄책감을 느낀다. 그러나 희생양이 된 사람들 대부분은 자신이 하는 모든 일에 죄책감을 느끼며 잘못된 일은 무엇이든 다 자신의 잘못이라고 믿는다. 많은 사람들 특히 희생양이 된 사람의 경우 죄책감은 부모가 사랑을 거두어 버릴지 모른다는 두려움을 야기했던 과거에 있었던 처벌의 위협이나 실제 있었던 처벌 속에서 잉태된 것이다. 설령 아이들이 좋은 행동을 했더라도 그러한 위협들은 죄책감을 낳는다. 죄책감 때문에 사람들은 뒤틀리고 만족스럽지 못하여 두려움에 떠는 삶을 살 수 있다. 그런 사람들은 모든 사람에게서 거부될지 모른다는 두려움을 계속 가지면서 슬픔과 비탄의 감정을 초래하는 방식으로 자기 자신을 벌한다(Freeman & Strean, 1986).

나는 다른 사람들과 다르다고 느낀다

자신이 남들과 다르다고 여겨 거리를 두고 사는 사람들을 우리는 어떻게 대하는가? 특히나 자신의 부모로부터 그와 같은 소외감에 직면한 어린아이는 관계를 깨뜨리는 창피한 행동과 태도를 가진 사람이 되어 부모를 불편하게 만든다. 희생양이 된 아이들의 문제 행동은 복수의 형태를 보이는데 그 이유는 자신이 거부되었다고 느끼기 때문이다. 아이들의 행동이 겨냥하는 것은 보통 부모와의 관계이며, 이것은 결국 아이를 희생양으로 만든다. 심각한 경우 부모는 아이를 두렵고 미운 대상으로 본다. 부모에게 민감한 아이는 우울해 하고 고민에 빠진 듯한 행동을 보인다. 그러나 아이가 희생양의 역할을 받아들일 때 고통의 신호들은 공격적인 표출행동으로 대체된다. 이러한 공격성은 처벌과 보상 혹은 이 둘의 비일관적인 조합으로 생긴 부정적인 스트레스를 없애기 위해 다른 사람들에게 보내는 신호가 된다.

희생양이 된 아이의 부모들 가운데 많은 사람들이 중간 이하의 자아 분화 수준을 가지고 있다. 이는 Bowen의 다세대 전달 과정의 개념과도 연결되어 있다. Bowen은 개인의 역기능적인 발달을 수세대에 걸쳐 일어나는 중간 이하의 분화 수준, 삼각관계 그리고 부적절한 정서적 충족의 결과로 보여 주었다. 가족 내 분화 정도의 변화는 때로는 급격하게 때로는 서서히 일어난다(Bowen, 1976).

중간 이하의 자아 분화 수준으로 인하여 희생양이 된 사람들은 자기 내부의 다양한 정서 상태, 가령 분노 · 상처 · 슬픔 · 기쁨과 같은 정서들을 구별하는 데 어려움을 느낄 수 있다. 때로 희생양이 된 아이들은 책임이나 역할 할당 · 지각 · 사고 · 견해의 측면에서 어느 것이 자아의 일부이며 어느 것이 아닌지를 분간할 수 없으며, 어떤 상황에서 어떻게 자신에게 도움이 되고 상처받지 않게끔 주장해야 하는지를 알지 못한다.

자기 자신을 부끄럽게 여기게 되고 사회적으로 용인되지 못한 충동과 감정에 휩싸이게 될 때 사람들은 자아로부터 소외된다. 스스로를 부끄러워하게 될 때 자신의 감정과 행동을 나쁜 것 또는 혐오스러운 것으로 낙인찍는다.

나는 불안정하고 사랑받지 못하는 사람이다

어린아이가 발달시켜야 하는 중요한 감정 상태 중의 하나는 가족 내에서의 안정감이다. 종종 이러한 안정감은 앞 장에서 언급한 역기능이나 불일치성으로 인해 획득되지 못한다. 또한 가족 내에서 애정 결핍은 열등감을 초래한다. 불안정감을 이끄는 가장 주목할 만한 요인 가운데 하나는 아이들이 너무도 여러 차례 새로운 상황에 처하게 된다는 것이다. 아이들은 새로운 형제의 출생이나 입학식, 새로운 선생님, 친구와의 첫 만남과 같은 일들로 고무되거나 좌절할 수 있다. 새로운 상황에 대한 아이들의 반응은 자신이 겪었던 이전 경험에 의해 부분적으로 결정된다. 만일 새로운 상황에서 잘할 수 없을 것이라는 말을 듣게 된다면 아이는 실패하게 될 것이다. 이후에 이 아이는 두려움과 불확실성을 가지고 새로운 상황에 반응하게 될 것이다.

나는 이방인이다

희생양이 된 사람의 내면을 보는 방법 가운데 하나는 가족의 경계선을 다시 그려서 희생양이 된 사람이 가족 경계선 밖에 있음을 확인하는 것이다. 희생양이 된 사람이 심리적으로 가족 밖으로 내몰렸을 때 다른 가족원들은 모두 '좋으며' 희생양이 된 사람은 모든 나쁜 점과 모든 문제의 근원을 가진 사람이 된다. 희생양이 된 아이가 '나쁜' 사람으로 간주될 때, 다른 사람들은 모두 희생양이 된 아이에게 나쁘게 대하는 것은 바로 그 아이의 잘못 때문이라고 변명하면서 자신 안에 있는 나쁜 감정을 표출할 기회를 갖게 된다. 스트레스 수준이 매우 높은 가족의 경우 더욱 더 고통스러운 감정들을 희생양이 된 사람에게 싣게 된다.

희생양이 된 사람은 이러한 역할을 받아들인다. 왜냐하면 부모가 별거하거나 헤어지거나 아이들을 버리거나 자살할지 모른다는 두려움에 마주치기보다는 모든 것에 대해 비난받고 가족이 함께 있는 것이 더 낫기 때문이다. 그러므로 희생양이 된 아이는 특별한 방식으로 자신이 필요한 인물이라고 느낀다. 가족은 그를 필요로 하며 결국 희생양이 된 사람은 자신에게 안정감을 주는 그 역할을 받아들인다(Skynner & Cleese, 1983). 희생양이 된 아이가 '완벽한 아이'로 보여질 때도 같은 과정이 일어난다. 이러한 아이는 이방인으로 간주되며 언제나 모든 일을 올바로 해야 한다. 스트레스 수준이 올라갈 때면 모든 사람을 '행복하게' 만들라는 신호를 받는다.

희생양이 된 사람들은 선택된 존재라는 느낌을 경험한다. 또한 죄를 떠맡은 사람이나 '은총을 전해 주는 사람'이라는 의미에서 자신을 전능한 사람으로 생각한다. 희생양이 된 사람들 가운데 많은 이들이 똑똑하고 예민하다. 그러나 가족희생양으로서의 오랜 경험

때문에 대인관계에서 부딪치는 문제에 대한 책임을 떠맡는 데 익숙해져 있다. 그들은 소외된 것처럼 보이지만 실제로는 자신이 대신 문제를 떠맡고 있는 가족들과 긴밀하게 연결되어 있다. 그들은 다른 사람의 죄와 악을 짊어지도록 선택되었다는 점에서 피해자라 할 수 있다. 그것은 개인적 책임과 집단적 책임을 분리하기 어렵게 만드는 경험이다(Perera, 1986).

나는 말하기가 두렵다. 내 본능에 따라 행동하기가 두렵다

희생양이 된 사람들 중 많은 이들이 자기주장을 하는 것을 두려워한다. 그들은 자기주장을 내세우는 것이 나쁜 일이며 자기 주장대로 행동하면 처벌받아야 한다고 들어왔다. 그들은 자기주장을 하려는 본능을 부인하며 수동적으로 학대를 받아들이려는 경향을 보인다.

희생양을 만드는 부모는 자녀가 완벽하게 되길 원하지만 불행히도 자녀는 그처럼 과도하게 높은 기준에 도달할 수 없다. 그럼에도 불구하고 아이들은 어려운 세상에서 통제와 안정감을 얻는 유일한 방법이 있다고 계속해서 믿으려 애쓴다. 이처럼 높은 목표에 도달하려는 아이들의 욕구는 희생양이 된 아이들의 의존욕구뿐 아니라, 아이의 자기주장성을 파괴하려는 부모의 강력한 투사물의 결과이다. 부모의 투사는 자녀에게 전달된 부모 자신의 내적인 욕구와 욕망이다. 그러므로 희생양이 된 자녀들은 과도하게 민감해지거나 부모의 욕구와 욕망을 그림자처럼 가려 준다. 그림자(shadow)는 선과 도덕성을 반영하는 자아 이상과 초자아를 따르지 않는 태도, 행동, 감정을 말한다. 융(Jung, 1953~1979)이 설명한 대로 그림자는 성격의 부정적인 측면, 즉 우리가 감추고 싶어 하는 모든 불유쾌한 특성의 총합이다. 가족에게 희생양이 된 자녀는 가족의 모든 부정적인 특성들을 구체화한다. 결국 자녀는 자신이 문제의 화신이라고 믿기 시작한다. 희생양 자녀를 둔 부모들은 자녀 행동의 부정적인 측면을 긍정적인 측면과 함께 인성의 일부분으로 간주하지 않고 오직 나쁜 면만 본다(Perera, 1986). 이처럼 부모가 그림자를 만들려고 하는 것은 위협적이며 아이들은 이러한 투사를 감추거나 중재하는 개인적 특질을 개발한다.

희생양이 된 자녀들은 자신이 다중으로 속박되어 있다는 것을 발견한다. 그들은 희생양을 만든 사람들이 설정한 고상한 목표에 도달할 수 없으며 결국 끝없는 죄책감뿐만 아니라 자신이 무가치하다고 느끼게 된다. 이것은 Bowen이 정서성의 맥락에서 묘사한 미분화된 가족 자아군과 정서적인 밀착을 나타낸다. 이러한 정서적 상황은 지적인 기능을 침수시키면서 덜 분화된 성인과 정서적으로 지배당하는 아이가 자신의 정서와 가족 내 지배적인 분위기로 인해 통제받는 정서적 분위기를 만들어 낸다. Bowen은 한 가족원이 어떤 일이 일어났는지 의식하지 않고서 다른 가족원의 정서 상태에 자동적으로 반응하는 반응성을 '정서적 과정'으로 설명하였다. 가족원이 가족 자아군에서 경험하는 관여의 정도는 정서적 과정의 강도와 그 순간에 개인이 경험하는 중심적인 자아군과 맺는 기능적인 관계에 달려 있다(Bowen, 1972). 자아와 타자 간에 어떠한 인식 가능한 분화도 없으며 개인의 정체성은 집단적 갈등을 피하려는 소망으로 인해 빈번히 억제된다(Simon, Stierlin & Wynne, 1985). Minuchin은 이것을 '밀착된 가족'이라 불렀다. Minuchin과 그의 동료들에 의하면 밀착된 가족원들은 자신의 역할과 기능을 정의하는 데 극도의 어려움을 느끼며 자신들의 관계를 구조화할 수 없다. 이러한 혼란의 형태는 가족의 통합을 위협할 수 있는 직접적인 직면과 명료화를 피하는 데 도움을 준다(Minuchin et al., 1967).

이러한 종류의 밀착과 부정적인 역할 책임은 분노와 죄책감으로 분열되며 희생양이 된 자녀에게 실재적인 분노와 욕구의 형태로 나타난다. 열세 살 된 서경의 부모는 서경이 간단한 단어나 문장조차 쓸 수 없었음에도 불구하고 의사가 되기를 원했다. 그 당시에 서경은 국어 실력이 형편없다고 놀림을 당했다. 서경은 부모의 기대에 미칠 수 없는 것에 늘 죄책감을 느끼는 것 같았다. 그는 국어 실력을 향상시키기 위해 자신이 노력하고 있음에도 사람들로부터 놀림을 받는 것에 분노하고 있었다.

희생양은 타인의 감정이나 자신의 감정에 직면할 수 없다. 서경의 엄마는 아들이 바보같고 연약해서 학교에서 남자아이들로부터 놀림을 받기 쉽다고 불평했다. 그러나 그녀의 말에는 모순이 있었다. 서경은 집에서 희생양이었으며 약골로 여겨졌다. 세 명의 남동생들이 서경을 괴롭히는 것이 집안에서 허용되었다. 서경이 되받아쳐서 싸우면 항상 부모로부터 꾸중을 들었다. 서경은 집안에서 자신의 수동적인 역할을 받아들이는 것을 배우면서 컸다. 집안에서 자기주장을 제지받은 사람이 어떻게 집 밖에서 자기주장을 펼 수 있겠는가? 그러한 모순을 강요당한다면 희생양이 된 사람은 더욱더 무기력해지고 죄책감을 느낄 것이며 이는 결국 자기혐오에 불을 지피는 격이 될 것이다. 기회가 된다면 이것은 치료를 통해서 해결해야 한다.

나는 화났고 분노로 가득 차 있다

때때로 희생양이 된 사람 안에 갇혀 있던 분노는 이유 있는 강력한 감정의 격발로 폭발할 수 있다. 그것은 개인에게 '그냥 일어난 것' 처럼 보이며 죄책감뿐 아니라 후회의 앙금을 남긴다(Perera, 1986). 열네 살 된 현승의 예를 보자.

현승은 어떤 아이와 계속해서 불미스러운 사건을 일으키던 끝에 그 아이의 목을 조르게 되었다. 그 아이를 도우려고 뛰어든 시설의 보호자 덕분에 상황이 치명적으로 치닫진 않았다. 삼십여 분이 지났다. 현승은 후회와 죄책감으로 가득 차 있었다. 무엇 때문에 자신이 화났는지 알지 못했고 다른 사람에게 자신을 설명할 수도 없었다. 현승은 다시는 그러 지 않겠노라고 약속했다. 그러나 그 후로도 현승은 습관적으로 갑작스 럽고도 폭발적인 행동을 보이며 사고를 저질렀다.

종종 이러한 사람들은 자기주장성이 수동적인 공격성 양식으로 표출될 때까지 공격성을 순화하고 변형하면서 계속적인 자아손상 의 욕구를 갖는다.

열 살인 대성은 치료실에 앉아서 손가락으로 장난을 쳤다. 그 아이는 자신의 애완동물뿐 아니라 자기만 아는 '초록색' 엄지손가락에 대해 끊임없이 이야기했다. 그 이야기는 쥐에서 거미에 이르기까지 다양했 다. 때로 대성은 치료시간에 늦게 오곤 했는데 뭔가에 정신이 나간 것 처럼 보였다. 대성은 나와 친해지려고 하기보다 자잘한 일로 나를 귀찮 게 했다. 함께 이야기를 하고 있을 때 그는 번번히 내 말을 못 들은 척하 거나 다시 한 번 말해 달라고 요청했다. 내가 짜증을 내면 그는 마지못 해 하며 무례하고도 빈정대는 말투로 "정말 미안하게 됐어요."라고 할 뿐이었다. 이는 나를 더 자극하기 위한 것이었다.

나는 그의 수동적인 공격행동을 그가 느낀 깊은 분노의 표현이자 자기 자신을 희생양으로 자리매김하는 방식의 예로 보았다.

3. 희생양을 만드는 관계

희생양을 만드는 사람들, 그들은 어떻게 느끼는가?

희생양이 된 아이들의 부모는 어떤 사람들일까? 편의상 그들을 희생양을 만든 사람들이라고 부르기로 하자. 그들은 자녀를 희생양으로 만드는 것에 대해 어떻게 느끼는가? 그것을 즐기고 있는가? 그들은 '나쁜 사람들'인가? 앞서 언급했듯이 그들의 행동은 가족을 함께 있게 하려는 시도이다. 희생양이 된 자녀들을 다루어야 하는 책임에 직면할 때 그들은 어떤 감정을 느끼는가?

부모는 맏이인 재익을 수 년 동안 희생양으로 만들었다. 집과 학교에서 모두 재익의 행동을 다루기 힘들게 되자 부모는 그를 수용시설 내 치료센터로 보냈다. 시간이 지나 치료자가 이제 그만 재익이 집으로 돌아가도 좋다고 말하자 재익의 엄마 현숙은 두렵다고 소리쳤다. 그녀는 아들의 행동과 성마름이 두려웠다. 엄마는 아들의 성장과 발달의 일부가 아닌가? 사실상 엄마는 아들의 생활과 문제의 일부가 아니었던가? 치료기간 동안에 엄마는 아이가 더 나아지지 않을 것이며 아이를 어떻게 다루어야 좋을지 모르겠다고 걱정하며 여러 차례 울음을 터뜨렸다.

현숙의 행동은 희생양을 만드는 사람들이 보이는 매우 흔한 반응이다. 그들은 무력감에 직면하는 것을 매우 두려워하며, 보통 모든 문제에 대해 실제적인 해결책을 찾기 위한 구체적인 행동과 시도를 통해 자신이 느끼는 무력감을 방어한다. 또한 그들은 정서적 메시지를 구체적인 것으로 읽으려는 경향이 있다. 그리하여 아이의 정서를 하나의 물리적인 사실, 구체적인 요구 또는 보편적인 진술로 오해하는 경향이 있다(Perera, 1986).

열 살 된 진숙은 한 시간이 넘게 자기를 놀리고 빈정대는 남동생에게 화가 나서 "난 네가 미워."라고 소리쳤다. 그러자 엄마는 진숙을 심하게 혼냈다. 엄마는 정말로 진숙이 남동생을 미워한다고 생각했고 그것을 진숙이 남동생에게 갖는 진심으로 간주했다.

희생양이 된 아이는 과정에 대한 이해가 부족하므로 갑작스러운 분노의 폭발과 표출적인 행동으로 희생양을 만드는 사람의 무력감을 악화시킨다. 경직되고 손상되기 쉬운 자아를 가진 희생양을 만드는 사람들은 이러한 행동을 견딜 수 없으며, 결국 그들의 반응은 다시금 아이가 거부당하는 경험을 하게 되는 상승적인 패턴을 초래한다. 묘하게도 아이는 부모가 상징적인 실재뿐 아니라 정서적 실재에 직면하는 것도 겁낸다는 것을 알고 있다. 하지만 희생양이 된 아이는 희생자로서의 역할에 압도된다.

때때로 현숙은 아들 재익에 대해 다음과 같이 구체적으로 이야기했다. "우리는 아들에게 너무 많은 것을 주었어요. 그런데 왜 그 아이는 그 모양이 되었을까요?" 언젠가는 "재익이는 나와 남편보다 더 나아야만 해요." 라고 말했다. 나의 계속된 질문에 현숙은 말했다. "우리가 자랄 때는 하루에 세 끼 먹기도 어려웠어요. 그렇게 좋은 옷도 없었고요.

그런데 재익이 방에는 컬러 TV도 있어요. 그런데도 방은 항상 어질러져 있죠. 좋은 교육을 받을 수 있는 온갖 기회가 있는데도 그 모양이잖아요." 이처럼 좋은 의도를 가진 부모들에게 단지 눈에 보이는 물리적인 것만이 문제가 아니라는 점을 어떻게 이야기할 수 있겠는가? 손상되기 쉬운 자아를 가진 이런 부모들은 가정 분위기의 안정을 위해 중심에 있으려는 잠재적인 충동을 부인하게 된다. 재익이 부모에게 신체적으로나 정서적으로 학대를 받은 것은 이러한 가정환경에서였다.

그들의 이유는 항상 단순한 것이었다. "화가 나서 물건을 던졌어요. 그게 재익이한테 떨어진 것뿐이에요." 어느 날 현숙은 뜨거운 커피를 재익에게 쏟았다. 재익이의 얼굴 한쪽이 커피에 데었지만 외상은 남지 않았다. 그녀는 한숨을 내쉬며 "아무런 상처도 남지 않았네."라고 말했다. 현숙의 말은 신체적인 측면만을 강조한 것이었다.

때로 희생양을 만드는 사람들은 자신의 성격이 자녀에게 투사된 것을 직면하고 나약해진 자신의 모습을 보면서 희생양이 된 아이들을 공격한다. 선미는 언젠가 딸이 화내는 모습을 지켜볼 수 없었다고 말했다. 그때 딸의 얼굴은 보기 흉하게 일그러졌으며 새파랗게 되어 있었다. 선미는 딸의 모습을 설명하고 있지만 자기 역시 같은 모습이었다는 것을 알지 못했다.

희생양을 만드는 사람의 가족력

희생양을 만드는 사람들의 가족력은 어떠한가? 그들 또한 대부분 피해자들이다. 그들은 강한 자아를 가지고 있지 않으며 지나치게 요구적이고 자신이 옳다고 믿는 부모들 밑에서 자라난 약하고 상처받은 자녀들이기 쉽다. 보통 이러한 성인들 또한 부분적으로 억압된 죄책감으로 인해 고통받는다. 희생양이 된 자녀와 그 부모 사이에는 강력한 유대가 빈번하게 나타난다.

열여섯 살인 명순이는 학교가 끝나자마자 아픈 엄마를 돌보기 위해 곧장 집으로 왔다. 학교에서 곧장 집에 오는 것이 괴롭고 비웃음을 받기 일쑤였지만 그녀는 다른 방과 후 활동을 하지 않고 바로 귀가하곤 하였다. 그러나 엄마가 딸의 보살핌을 필요로 한 것은 사실이지만 딸에게도 채워지지 않은 욕구가 있었다.

희생양이 되기 쉬운 자녀의 존재는 충족되지 못한 부모의 욕구를 이해하는 측면에서 일부 투사적인 요소도 있고 일부 평가적인 요소도 있다. 성인이 된 자녀와 부모 사이에도 종종 애증관계가 보인다.

마흔인 혜수는 예순다섯의 엄마와 아직 미혼인 여동생과 함께 살고 있었다. 혜수는 어려서 교통사고를 당했는데 이 사고로 그녀의 아버지와 남동생이 즉사하였다. 그녀는 자신만 살아남은 것에 대해 죄책감을 느꼈다. 엄마는 그런 혜수의 죄책감을 가중시켰다. 그때 혜수가 울지 않았더라면 아빠가 차를 태워 주러 나가지 않았을 거라고 비난한 것이다. 교통사고는 혜수가 열 살 때 일어난 일이었다. 그러나 엄마는 아버지가 죽은 지 삼십 년이 지나도록 계속해서 딸에게 책임을 묻고 있었다.

혜수는 심한 죄책감을 키워 갔다. 사고 나던 날 밤에 아버지가 다른 일 때문에 운전했다는 것이 분명했지만 자신에게도 아버지와 남동생의 죽음에 대한 책임이 있다고 믿었다. 혜수와 엄마 사이에는 강한 애증의 유대가 발달되었다. 때로 그녀는 울면서 "엄마를 때리고 싶지만 그럴 순 없어. 엄마도 나처럼 엉터리 바보야."라고 말했다. 혜수는 곧바로 응수해 오는 엄마의 독설이 두려웠다. 하지만 이와 동시에 엄마가 자신에게 의존하고 있는 것을 잘 알고 있었다.

　때로 희생양이 된 자녀는 분열되거나 투사된 동일시의 초기 인식을 말로 내뱉는다. 혜수와 엄마는 방식은 달랐지만 서로 상대방 때문에 고통을 받았다. 방어기제의 하나인 분열의 경우 의식적인 정체성이 파편화되고 분열되는데 그 이유는 자아에 의해 경험이 부인되거나 자동적으로 회피되기 때문이다. 예를 들면, 근친상간의 피해자는 성인 가족원과의 성적 행위를 기억하지 못한다. 왜냐하면 그는 근친상간이 일어난 상황 앞에서 자신의 마음이 몸을 떠났다고 믿었기 때문이다. 즉, 몸과 마음이 분열된 것이다. 한 내담자는 "그때 나는 내가 아니었어요. 왜냐하면 나의 마음이 그곳에 있지 않았으니까요." 하고 말했다. Grotstein(1985)은 투사적 동일시를 정신적 기제로 묘사했다. 그러면서 자아가 자신의 좋거나 나쁘거나 긍정적이거나 부정적인 측면들을 방어의 목적으로 다른 사람이나 대상에게 옮겨 놓는 무의식적 환상을 경험한다고 설명했다. 이러한 개념들은 치유 과정을 다룬 다음 장에서 더욱 상세히 설명할 것이다.

　심각하게 희생양이 된 사람은 습관적으로 가정에서 일어나는 받아들이기 어려운 많은 일들에 책임을 느끼게 되어 있다. 그러므로 죄책감을 갖는 양심이 그들의 생활양식이 된다. 희생양이 된 사람은 자신을 희생양으로 삼은 사람의 수용하기 어려운 그림자와 같은 어두운 성격의 특징들을 목격하고 그것에 책임을 느낀다. 그러한 사람은 윤리적이고 정서적인 문제에 매우 민감하며 돌보고 보살피는 양육적인 역할을 쉽게 받아들인다.

4. 가족 상황: 누가 피해자인가?

세대에 걸친 희생양화의 피해자는 누구인가? 누구를 피해자로 볼 것이고 누구를 희생양을 만든 사람, 즉 가해자라고 볼 것인지 판단하기는 어렵다.

열네 살인 준규와 열다섯 살인 형규는 엄마인 미자로부터 번갈아 성적 학대를 당했다. 두 아이는 엄마와 함께 살면서 서로를 엄마의 애정을 놓고 다투는 경쟁자로 보았다. 그들은 결국 서로를 미워했다. 한 번은 엄마가 준규가 보는 앞에서 형규에게 더 애정을 보이자 두 아이는 서로 몸싸움을 하려고까지 했다. 치료를 하며 살펴보니 미자는 미성숙할 뿐 아니라 매우 수다스러웠다. 그녀는 자신과 두 아들 그리고 자신을 성적으로 학대했던 아버지에 대해 이야기했다. 그녀는 치료 중에 두 아들과 함께 있는 것을 두려워했다. 마치 한 방에 너무도 많은 어른들과 함께 있는 것 같다고 말하면서 자신은 그런 상황을 감당할 수 없다고 했다.

어렸을 때 아버지에게 선택된 아이였던 미자는 자신의 행동을 정당화했다. 그리고 형처럼 행동하지 못하는 아들, 즉 엄마가 선택한 피해자인 준규를 내가 어떻게 다룰 수 있겠냐고 되물으면서 자신은 아버지에게서 받은 대로 아이들에게 했을 뿐이라고 했다.

미자는 남자친구를 동행하고서 치료를 시작했다. 남자친구는 그녀가 상담실로 오는 길을 못 찾을까 염려하여 함께 오게 된 것이었다. 상담실은 미자의 집에서 30km쯤 떨어진 곳에 있었고 그녀는 그

길을 잘 알고 있었다. 나는 그의 태도가 다소 과잉보호라는 것을 알았다. 남자친구를 옆에 두고 상담을 받는 동안 미자는 아버지가 그랬던 것처럼 자신도 아들에게 호의를 베푼 것이라고 말했다. 그녀는 아버지로부터 성적으로 학대를 받으며 자랐다. 미자의 말을 빌자면 아버지는 그녀에게 모든 것을 가르쳐 주기로 약속했다. 게다가 미자의 고모 또한 그 아버지, 즉 미자의 할아버지한테서 성적인 학대를 받았다. 그래서 그녀는 아들들에게 성에 대해 눈뜨게 해 준 것이 어째서 잘못인지 물었다.

이러한 가족에서는 오랫동안 존재해 온 만성적인 교류 패턴이 있었고 그것을 통해 역기능적인 구조가 발생하였다. 그들의 현실이 두 세대 이상에 걸쳐 왜곡되어 온 상황에서 어떻게 내가 그들이 현실적으로 기능하도록 도와줄 수 있을까?

미자는 자신의 가족에서 짐을 짊어졌기 때문에 그녀의 인생에서 일어난 일은 고통스러운 것이었다. 그녀의 아버지는 사십대 초반에 갑자기 사망했다. 미자의 표현에 따르면 그녀는 자신과 '맞지 않는 사람'과 서둘러 결혼했으며 그녀의 집에서 친정엄마와 형제까지 데리고 살아야 했다. 불행했던 사 년간의 결혼생활을 보낸 후 그들은 이혼을 했고 남편은 떠났다. 미자는 두 아들과 엄마 그리고 형제들의 생계를 책임져야 했다. 미자의 엄마는 남편이 죽을 때까지 가족 내에서 말없는 목격자이자 유령 같은 존재였다. 남편이 죽자 어머니는 미자 때문에 남편이 죽었다고 비난했다. 미자의 아버지는 다른 딸들한테는 성적인 학대를 하지 않았다. 미자는 엄마의 계속된 비난으로 인해 죄책감에 시달렸고 자신이 가족을 돌봐야 한다는 강한 의무감을 느꼈다.

경계의 문제

미자가 자신의 인생사를 풀어놓기 시작하자 가족원 간의 만성적인 경계의 문제가 드러났다. Minuchin(1974)이 설명했듯이 경계란누가, 어떻게 가족 상호작용에 참여하는지를 규정한다. Minuchin에따르면 경계의 기능은 체계의 분화를 보호하기 위한 것이다. 모든가족체계는 각 가족원에게 주어진 특정한 기능과 요구를 가지며, 이러한 하위체계에서 발달된 대인관계상의 기술은 다른 하위체계로부터 얼마나 독립적인가에 달려 있다. 보통 효율적으로 기능하는가족의 경우 모든 타협의 형태가 가능하다. 가족체계는 분명하고유연한 경계에 의해 지배되기 때문이다. 그러나 미자의 가족은 역기능적이었다. 역기능적인 가족에서는 전형적으로 모든 하위체계들이 하위체계 내 갈등을 분산시키기 위해 동일한 가족원을 이용한다. 미자는 부모가 항상 처리해야만 했던 수많은 부부간의 갈등을우회하거나 비껴가도록 하는 데 이용되었다. 그러나 Minuchin이 설명했듯이 성관계로 미자와 그녀의 아버지 그리고 아웃사이더로서의 엄마가 만든 경직된 삼각관계는 부녀간의 성적인 관계로 끝을 맺었다.

여기서 부모의 하위체계와 자녀 간의 경계가 모호하게 되었고 부모들과 자녀 간의 삼각관계는 부적절하게 경직되었다(Minuchin, 1974). 따라서 미자와 그녀의 아버지는 엄마에 대항하여 세대 간의결탁으로 확고하게 묶여졌다.

어떻게 세대 간의 결탁이 나타나게 되는가? 만일 문제가 제대로해결되지 않는다면 한쪽 부모는 배우자에 대항하기 위해 자녀와 연합할 수 있으며 그렇게 함으로써 그 배우자를 주변적인 인물로 만들어 버린다(Minuchin & Fishman, 1981). 그러나 미자의 아버지가 죽자 이러한 결탁은 갑자기 끝나게 되었다. 미자가 반복해서 이야기했듯이 부모의 사이는 좋지 않았다. 아버지가 갑자기 원하는 일이 있었다면 음식 때문이거나 셔츠를 다림질하는 일이었고, 엄마는 미자가 엄마 자신의 일을 해도 개의치 않았다. 미자의 엄마는 남편이 죽었을 때 미자 때문만이 아니라 자신이 남편을 끊임없이 신랄하게 비난했다는 이유로도 괴로워 죽을 지경이었다. 미자는 아버지를 사랑했기 때문에 화가 났지만 자신이 엄마에게 반항해야 할지 순종해야 할지 확신이 서지 않았다. 그녀는 죄책감에 짓눌려 엄마의 말을 들어야 할 의무감을 느꼈다. 그녀의 엄마는 가족 내의 변화를 가져오거나 저항하게 하는 미묘한 힘을 가지고 있었다. 그러므로 이 가족 내에서 역기능적인 교류 패턴은 다양한 방식으로 유지되거나 다음 세대로 전달되었다.

희생양을 만드는 환경

미자는 가족의 희생양이었고 자신의 역할을 잘해냈다. 이처럼 희생양이 된 자녀들의 삶을 지배하는 규칙은 어떤 것인가? 그들은 소위 희생양 콤플렉스를 발달시킨다.

희생양이 된 아이들은 고통을 참아 내는 데 있어 엄청난 능력을 가지고 있다. 그들은 자신이 그럴 만하다고 보며 스스로 고통스럽기를 원할 정도로 충분히 고통을 경험해 왔기 때문이다. 희생양이 된 사람들은 어려서부터 부모의 욕구를 심리적으로나 신체적으로 충족시키도록 과잉자극을 받아 왔으며 천성적으로 유난히 민감한 경향이 있다. 부모는 그러한 자녀들이 아이로서 알아야 하는 것 이상으로 그들이 많은 것을 알고 이해하고 있다고 인식한다. 이러한 특징은 희생양을 만드는 부모를 놀라게 하는데 그런 부모는 아이를 창피주거나 거부함으로써 아이의 지각을 무시하거나 부정하는 경향이 있다. 미자의 예에서 볼 수 있듯이 부모는 힘을 가지고 있기 때문에 아이는 부모와 혼란스러운 관계를 발전시킨다. 미자는 아버지가 자기에게 잘해 준 유일한 사람이었기 때문에 아버지를 사랑했지만 마음속 깊이 아버지가 한 일이 잘못된 것임을 알고 있었기 때문에 혼란에 빠졌다. 그러한 아이들에게는 객관성이 부족하기 때문에 자신에게 가해진 위해를 깨닫지 못한다. 아이들은 상상하기 어려운 순진무구함으로 차마 견디기 힘든 상황에 다가선다. 종종 이러한 아이들은 부모가 예전과 달라졌기를 기대하며 학대부모에게 되돌아간다. 그러나 그런 일은 거의 일어나지 않는다. 미자가 말했듯이 "아버지는 항상 친절했고 나를 잘 돌봐 주었어요. 아버지가 나를 학대했을 때 어느 누구도 그것이 끔찍한 일이라고 말해 주지 않았어요. 내 생각에 아버지는 많은 것을 알고 있었기 때문에 엄마가 화낸 것을 빼고는 그 일이 괜찮은 것이라고 생각했어요."

개인이 괴로움을 당하는 희생양화의 과정에서 그 개인은 양심이나 판단과 동일한 비중을 가진 왜곡된 경직성을 통해서만 현실을 지각할 수 있다. 습관적으로 희생양이 된 사람들의 자아 이미지는 부정적이다. 희생양이 된 사람들은 죄책감과 비참함을 느끼며 자신을 부족하고 나쁜 사람, 잘못된 사람과 동일시한다(Perera, 1986). 더욱이 희생양을 만든 사람들을 구세주로 볼 수도 있다. 희생양이 된 사람들은 불합리함의 극치까지도 이해하며 자신이 진정으로 저주하고 경멸하는 다른 사람의 결점까지도 기꺼이 용서한다. 이들 중 많은 경우가 자기혐오로 괴로워한다. 자신이 만들어 낸, 즉 이중 속박으로 묶여 있는 이중 기준의 불일치성을 깨뜨리지 않고서는 선악을 보는 지각적인 분별을 통해 자기혐오의 감정에서 자유롭기가 쉽지 않기 때문이다.

이중 속박

이중 속박의 주요 요소는 다음과 같이 묘사될 수 있다. 둘 이상의 사람들이 관련 당사자 한 사람이나 두 사람 혹은 모두에게 고도의 신체적 · 심리적 생존가치를 가진 강렬한 관계에 연루되어 있는 것이다. 강렬한 관계들이 존재하는 상황에는 가족관계와 물질적 의존 · 우정 · 사랑 · 신념 · 이데올로기를 포함하는 관계가 있다. 이러한 관계의 내용들은 사회적 규범, 전통 그리고 감정에 의해 영향을 받는다.

이와 같은 상황들에서 뭔가를 주장하는 메시지가 주어지고, 같은 메시지 안에 또 다른 주장이 담기게 된다. 이러한 주장들은 상호배타적이다. 그러므로 그 메시지가 명령이라면 그것에 복종하기 위해서는 불복종해야만 한다. 만일 그것이 자아나 타인의 정의라면 정의된 사람은 정의에 부합되지 않을 때만 그런 사람이 되는 것이다. 그러므로 그런 메시지의 의미는 결정하기 어렵다(Watzlawick, Beavin & Jackson, 1967).

그러므로 이중 속박에는 일차적인 부정적인 명령과 그것과 상충하는 이차적인 명령이 있으며, 첫 번째 명령과 마찬가지로 두 번째 명령도 생존을 위협하는 처벌과 신호로 실행된다. 그리고 마지막으로 피해자가 그 장면에서 도망가지 못하게 하는 세 번째 명령이 있다(Okun & Rappaport, 1980).

승산 없는 상황

어린 효진은 항상 부모로부터 '충분히 신경을 쓰지 않는다.'라는 메시지를 받았다. 그러나 효진이 부모에게 신경 쓴다는 것을 보여 주기 위해 다가갔을 때는 "왜 끼어드는 거니? 엄마아빠의 사생활을 방해하거나 간섭하지 마라."라는 말을 들었다. 그래서 부모의 사생활을 존중하기 위해 신경을 쓰지 않자, "너는 우리에 대해 신경 쓰지 않는구나. 우리를 무시하지 마라!"라는 말을 들었다. 효진은 열한 살이었고 승산 없는 상황에 걸린 것이다.

5. 세대를 통한 희생양화

희생양을 만드는 가족에게는 세대 간에 걸쳐 다음 세대의 생존과 안녕에 기여할 수 있는 능력이 없다. 이것은 모든 심리적인 의미에서 가족을 해체시키는 것이다. Boszormenyi-Nagy와 Krasner(1986)는 그런 가족의 부모들에게는 자격이 없다고 보았다. 그들은 어린 자녀를 책임 있게 보살펴 주지 않았기 때문이다. 권리행사란 어떤 관계 내에서 일어나서 그럴 만한 자격이 있는 기여자에게 공로를 쌓게 하는 윤리적인 '보증서'이다. 요컨대 건설적인 권리행사는 자격 획득에 대해 계속해서 신경을 쓴 결과이며, 파괴적이거나 악의적인 권리행사는 자격획득에 대한 관심을 거부한 결과이다. 이 두 가지는 상반되는 임상적 결과들이다.

사실 희생양을 만드는 가족의 경우 일방적인 착취가 발생한다. 순수하게 물질적인 기초에 입각해서 본다면 한 사람이 다른 사람에게서 더 많이 뽑아내면 낼수록 그는 더 풍족해진다. 반대로 취득한 자격에서 오는 이득은 개인이 베풀고 보살피는 과정을 통해 받는 것에 기초한다(Boszormenyi-Nagy & Krasner, 1986). 이러한 개념들에 대해서는 다음 3장에서 자세하게 논의할 것이다. Boszormenyi-Nagy와

Krasner(1986)는 그러한 개념을 만성적으로 갚지 못하고 쌓인 빚은 그 자체가 빚진 사람뿐 아니라 빚을 준 사람에게도 손해라는 식으로 멋지게 표현하고 있다. 달리 말하면 빚으로 인한 피해는 채권자나 채무자 양측에게 손해를 준다는 것이다.

세대 간의 희생양화에서 승자란 없다. 희생양을 만드는 사람이 미래에 누리는 자유는 그가 피해자와 결부될 때 손상된다. 어려서부터 희생양이 된 자녀의 경우 기본적인 신뢰감의 발달이 손상된다. 기본적인 신뢰감이 손상될 때 개인의 모든 관계가 영향을 받는다. 그러므로 이와 같은 일방적인 관계의 영향은 사방으로 퍼지고 예측 불가능하며 시의적절하게 도움을 제공하지 않는다면 몇 세대에 걸쳐 영향을 미칠 수 있다.

장기적인 영향

세대 간에 대물림하는 희생양화에서 병리적인 교류 패턴이 형성된다. 세대 간의 상황에서 희생양화의 파괴적인 측면은 성인들이 결정적으로 아이의 신뢰감을 해치는 정도와 아이의 능력이 직접적으로 비례하는 식으로 파괴적인 양상을 보일 때 시작된다. 서로에 대한 관심을 행동으로 표현하도록 도움을 받을 때 가족원들은 그들 간에 부담과 이득을 재분배하는 과정에 들어가게 된다. 각 가족원이 자신의 영역과 자격에 대해 개인적인 책임감을 가지는 이러한 재분배 과정은 가족원 간의 관계적 정의에서 새롭고 보다 자유로운 균형을 가져올 수 있다. 흠잡을 데 없는 공정한 재분배는 하나의 이상화된 목표라는 점에서 더 주목받을 수 있다. 부모가 이상화된 성인의 기준을 설정하여 자녀에게 수행해 주길 기대할 때, 이러한 것이 자녀들이 부모화되는 지름길인 동시에 실패의 결과로서 희생양화로 가게 되는 직접적인 통로가 된다(Boszormenyi-Nagy & Krasner, 1986).

파괴적인 부모화에서는 한쪽 부모나 양쪽 부모가 자녀에게 투사적 동일시를 하거나 자녀를 어린애로 취급한다. 부모화된 자녀들이 있는 가족에서는 부모의 욕구가 자신의 부모, 즉 아이의 조부모에 의해 채워지지 않았으며 그러한 욕구 충족에 대한 바람이 결국 자녀에게 전해진다고 가정할 수 있다. 그러므로 부모화는 위임의 한 형태로 볼 수 있다. 즉, 여러 방식으로 아이들이 조부모의 역할을 맡는 것이다(Simon, Stierlin & Wynne, 1985). 부모의 의도가 무엇이든지 파괴적인 부모화는 자녀에 대한 부모의 소유적인 의존성을 초래한다. 부모의 소유적인 의존성은 자녀를 포로로 삼는 비대칭적인 관계를 만든다. 자녀 스스로 무력한 포로처럼 느끼면 느낄수록 분노도 더 많이 쌓여 간다. 그리고 부모에 대해 지나치게 책임감을 갖게 될 때 가족 내 자신의 위치 때문에 부모를 질책하고 부모와 싸우게 된다(Boszormenyi-Nagy & Krasner, 1986). 앞에서 설명한 바와 같이 이것은 역기능적인 가족에서 흔하게 일어나는 일이다. 그런 가족에서는 전형적으로 지정된 한 명의 자녀에게 초점이 모아진다.

미자도 그런 사례로 보인다. 이들 모녀간의 관계는 사랑보다 증오가 현저히 많았던 애증관계이다. 그러나 그녀는 엄마와 함께 살 수 없으면서 동시에 엄마 없이는 살 수 없는 위치에 놓였을 때 그런 상황을 벗어나려고도 개선하려고도 하지 않았다. 미자는 또한 엄마의 행복과 안녕에 지나치게 책임감을 느꼈다. 자신의 아들들에 대한 관계지향은 부정적으로 영향을 미쳤다. 이러한 세대 간의 병리는 장기적이며 자기영속적이고 자기유지적인 것으로 보인다. 미자는 이제 자녀들에게 영향을 미치는 예전보다 더 나은 위치에 있다. 그리고 그녀의 아이들이 크면 그들 역시 자녀에게 영향력을 행사할 수 있는 더 나은 위치에 있게 될 것이다. 이런 점에서 각 세대 간의 행위는 비대칭적이라고 할 수 있다. 인격 형성기를 거치게 될 때 자녀 세대는 자신에게 영향을 미치는 다양한 상황에 노출되기 때문이다. 희생양화의 생활방식에 노출되어 온 사람들은 방어적이고 선동적이며 양면적이고 회의적인 면을 갖게 된다.

희생양이 된 사람들의 패턴

희생양을 만드는 행동은 구조뿐 아니라 교류 패턴을 만드는 일련의 의사소통과 상호작용의 결과이기도 하다. 희생양화를 통해 가족원들은 내적으로 필요하고 계획된 파트너들임을 보여 주는 역할에 서로를 내맡김으로써 이득을 볼 수 있다. 이처럼 견고하게 유지된 관계 패턴들은 각 가족원의 자아에 대한 독특한 기준점을 만든다 (Boszormenyi-Nagy & Krasner, 1986).

숨바꼭질에서 술래가 된 것처럼 자신만이 소외되고 있다고 느끼게 만드는 가족 상황에서 나이 어린 이들은 종종 고민을 안으로 삭히고 자신을 부족한 사람으로 인식한다. 또한 그들의 성격은 희생양을 만드는 사람과 다른 사람들로부터 왜곡되었기 때문에 자신의 모습 때문에 사람들이 자기를 싫어한다고 믿기 시작한다. 스물여덟 살인 한 여성은 짜증을 부리며 말했다. "선생님은 제가 못생겼다고 생각하시나요? 엄마는 미인이셨는데 언제나 저를 못난이라고 불렀어요. 엄마는 황신혜처럼 생겼어요. 선생님도 제가 못생겼다고 생각하시나요? 제가 엄마 모습을 닮았다면 제 코가 조금 더 짧았다면 좀 더 멋있었다면 제 자신에게 만족했을 거예요." 세대 간에도 외모에 대한 집착이 있다. 몇 세대에 걸친 희생양들은 자주 자신의 신체와 외모에 대해 부정적인 지각을 가지고 있다.

　때때로 희생양이 된 사람들은 자신의 신체의 특별한 속성에 사로잡혀 그것을 자신들이 느끼는 소외감의 원인으로 생각한다. 희생양이 된 한 여성은 말했다. "만약 내가 큰 소리로 분명하게 말할 수만 있다면 모든 사람들이 나를 좋아할 거라고 확신해요. 하지만 제 목소리를 들어보세요. 좀 끔찍하지 않아요? 전 제 목소리가 싫어요. 목소리가 이래서 친구도 잘 사귀지 못해요." 개인이 자신이 가지고 있는 것으로 상상하는 신체적인 결점은 정서적·심리적 상태에 대응하는 신체적 대상이며 수치심의 원인이자 상호작용을 회피하는 이유가 된다. Perera(1986)가 지적했듯이 자신이 가정한 결점은 신체적 수준에서 희생양이 된다. 그것은 어디나 존재하는 콤플렉스의 신체적인 부수물로, 개인이 느끼는 정체감인 자기혐오에 바탕을 둔 합리화이기 때문에 떨쳐내기 어렵다. 달리 말해 희생양이 된 사람은 자기 안에 있는 희생양을 발견하는데, 그것은 타인이 희생양이 된 사람을 비난하듯이 희생양이 된 사람이 자신을 비난할 수 있는 신체적인 결점인 것이다.

　보통 희생양이 된 사람들은 어린 시절부터 고통을 참는 법을 배워 왔다. 그들은 엄청난 심리적 고통과 거부된다는 느낌, 그리고 열등감의 감정을 경험한다. 치료를 받지 않는다면 자신의 경험을 자녀들에게서 다시 만들어내기 쉽다.

다중적 희생양화

　자아 분화가 낮거나 세대 간 희생양화의 유산이 전승된 개인과의 결혼은 계속적인 혼란을 빚고 자녀를 희생양으로 만드는 결과를 초래할 수 있다. 열여섯 살이었던 홍철의 사례가 생각난다.

이복누나가 가출했던 당시 흥철은 여덟 살이었는데, 그때부터 가족 희생양이 되었다. 어쩌면 이전에는 이복누나가 가족의 희생양이었을 것이다. 누나가 떠난 후 흥철이 한 일 중에 잘한 것은 하나도 없었다. 엄마는 흥철이 음식을 먹는 방식이나 집안일을 하는 방식에 트집을 잡곤 했다. 그때까지 흥철은 공부도 잘했었는데 갑자기 모든 과목에서 낙제하기 시작했다.

열여섯 살이 되었을 때 흥철은 집이나 학교에서 잘 적응하지 못했기 때문에 치료를 받으러 왔다. 나는 흥철이 엄청난 불만을 참아 내고 있다는 사실에 놀랐다. 흥철은 계속해서 구타와 조롱을 당해 왔다. 부모에 의하면 그가 제대로 하는 일이란 아무 것도 없었다. 엄마가 아니면 아버지가 그에게 소리치고 때리기 일쑤였다.

개인치료와 가족치료를 병행하자 홍철은 자신의 상황을 이해하는 듯이 보였다. 분노와 비난의 시간이 흐른 뒤 자신의 문제가 부모의 갈등으로 인한 결과라는 것을 알게 되었을 때, 홍철은 자신의 자아 강도를 굳건히 하기 시작했다. 불행히도 그는 그런 과정에서 희생양을 만든 부모와 불가피하게 거리를 두게 되었고 그동안 자신을 거부해 왔던 부모를 새롭고 현실적인 방식으로 받아들이게 되었다. 홍철은 자신의 부모를 빠져나올 수 없는 가족의 순환에 걸린 피해자로 보았다. 다행스럽게도 그는 고등학교에서 한 선생님에게서 관심을 받으면서부터 희생양 역할에서 벗어나는 방법을 찾았다. 홍철은 그 선생님을 존경하는 법을 배웠고 더욱더 학업에 열중하게 되었다. 긍정적인 역할모델이 된 것으로 보인 그 선생님은 홍철에게 안정을 주는 효과를 가진 듯했다. 홍철은 그 선생님과 많은 시간을 가졌고 시간제 일도 하게 되었다. 심지어 그는 부모의 소망을 이루어

주었으며 자신이 사는 다락방의 집세도 계산했다. 홍철은 공부에 많은 시간을 쏟았고 집에서도 문제가 없는 듯했다.

드디어 홍철의 가족은 서로 잘 지내는 것처럼 보였다. 그러나 그런 상황은 오래 가지 않았다. 홍철의 문제가 해결된 지 한 달 후 홍철의 여동생인 선희가 문제를 일으키기 시작한 것이다. 무단결석에 성적도 떨어지고 마약까지 하기 시작했다. 마치 그녀가 가족으로부터 무언의 메시지를 받은 것 같았다. 그 순간 가족은 이전의 항상성으로 되돌아갔다. 또 다시 폭발적인 다툼과 가열된 언쟁 그리고 고통스러운 조롱이 일어났다. 만일 선희가 학교 선생님과 같은 외부의 도움을 빌어 자신의 행동을 추스르고 기능하는 데 큰 손상이 없다면 그 다음 자녀가 희생양으로 지정되었을 것이다.

해결되지 않은 문제들

왜 다중적인 희생양화가 가족 안에서 일어나는가? 결혼하는 커플들은 종종 원가족에서 해결하지 못한 쟁점과 문제들을 가지고 있을 수 있다. 그들은 자신들의 발달상 억류되어 온 듯이 보인다. 발달은 새로운 도전과 새로운 상황들 그리고 불가피한 불평형의 시기를 수반한다. 그러나 희생양화가 패턴이 되어 버린 가족은 고통을 삶의 방식으로 받아들인다. 그런 가족은 불쾌함을 참아내는 엄청난 수용력을 가지고 있다. 종종 그런 가족의 부부체계는 스트레스를 관리하는 데 있어 역기능적인 교류 패턴을 발달시킨다. 부모들은 그들의 쟁점과 문제들을 놓고서 서로 직면할 수 없거나 직면하기를 두려워한다. 이때 흔히 한 명의 자녀가 희생양으로 지목된다. 여기에는 보통 부모와 한 자녀가 연루된 세대에 걸친 패턴이 포함된다. 치료적 도움을 받으면 가족은 경계를 새로 긋는데 부부의 경계는 제3자를 끌어들이지 않고도 강화된다.

　홍철 가족의 경우 부모체계이자 부부체계는 오래 전에 그 기능을 멈추었다. 마치 가족체계가 또 다른 가족원 없이는 기능할 수 없는 것처럼 보였다. 따라서 취약한 사람이 희생양 역할을 하는 인물로 걸려들게 된다. 치료하는 동안 선희는 심지어 자기가 어린 아이였을 때조차 가족의 문제에 책임을 느꼈다고 통찰력 있게 말했다. 만일 남동생이 없었다면 다른 형제의 나쁜 행동들은 모두 그녀 탓이되었을 것이다. 선희가 이따금 불공평하게 비난받는 것에 대해 화를 낼 때면 그런 반응이 바로 죄책감의 증거라는 말을 듣곤 하였다. 심지어 선희는 자라면서 가족문제에 대한 비난을 떠맡을 자리에 자신의 남동생이 없었다면 그것은 고스란히 자신의 문제가 되었을 것이라고 느꼈다. 성숙해지면서 선희는 계속해서 심리적인 고통과 거부당하는 느낌, 그리고 열등감을 동일하게 생각했다.

　그러므로 홍철이 희생양 역할을 그만 두었을 때 부모는 다음으로 이용가능한 사람인 선희에게 관심을 두었다. 선희는 부모가 자신을 너무 자주 야단친다고 생각했다. 그녀는 부정적으로 취급당하는 것에 질려서 마약을 하기 시작했고 그것은 학교생활과 효율적으로 생활하는 능력에 영향을 미쳤다. 시간이 지나면서 선희는 '문제아'가된다는 것에 대해 죄책감을 느꼈지만 부모의 행동을 학대로 보지는 않았다.

　희생양이 된 아이들이 자신의 삶을 변화시키기 위해 움직이기 시작하는 때는 오직 스스로 처벌과 거부, 비난받는 것의 고통을 학대로 인식할 때이다. 그러나 선희는 부모가 가족 내 긴장 없이는 기능할 수 없는 부적합한 사람들이었으며 사실 그대로의 학대문제를 다룰 준비가 되어 있지 않았다. 부모는 홍철과 함께 치료에 임했음에도 불구하고 제삼자를 희생양으로 삼지 않고는 기능할 수 없었고, 그래서 비슷한 시나리오가 선희와 부모 사이에서도 만들어졌다. 보통 희생양이 된 사람들은 자신이 불쌍하고 벌을 받고 있다는 원초적인 감정의 소용돌이에 붙잡혀 있음을 발견하며, 한 개인을 완전히 무력한 상태에 놓이게 하는 운명의 불공평함에 대해 병적으로 집착하게 된다.

가족의 평형

다중적인 희생양화에서 희생양이 수행하는 기능적인 역할은 모든 문제를 자신에게 끌어다 댐으로써 가족의 평형상태를 유지하는 것이다. 극도로 분열된 가족에서 각각의 아이들은 거부되는 것뿐만 아니라 어느 정도의 갈등도 경험한다. 그러므로 희생양 역할을 하던 사람이 떠나면 가족은 항상성을 유지하기 위해 희생양이 될 수 있는 다른 자녀를 충원한다. 그러한 가족의 경우 막내 자녀는 빠져 나갈 틈을 찾기가 어렵다. 막내마저 떠나면 불행한 부부만 남아 함께 지내야 하는 교착상태가 형성되기 때문이다. 때때로 이런 자녀들은 발달이 억제되며 불편함에 대한 엄청난 인내심을 키워 가게 된다.

가족 내에서 희생양이었던 많은 개인들은 새로운 상황에 들어가서도 같은 역할로 사회화된다. 즉, 그들은 기꺼이 희생양이 되는 역할을 떠맡는다. 가령, 두 사람이 서로에게 이끌릴 때 서로가 느끼는 매력은 무의식이나 잠재의식적으로 유사성에 기인할 수 있다. 그들은 서로 다른 학대가정에서 자랐을 수 있다. 그런 사람들은 상대방을 자신처럼 '크게 상처받은 사람'으로 보면서 만나고 사랑에 빠진다. 그러므로 이 부부가 자신들의 문제들을 해결하지 않는다면 다음 세대에서 또 다른 희생양을 만드는 과정이 시작될 것이다.

다음 장에서는 희생양이 된 사람의 자아 구조에 대해 다룰 것이며, 지각의 왜곡, 고통스러운 경험의 보유와 감수, 자기주장의 문제에 대한 쟁점들을 논의할 것이다.

03 희생양이 된 사람의 성격

1. 희생양이 된 사람의 자아 구조

가장 심각하게 희생양이 된 사람들의 경우 애정과 정서적 · 신체적 양육의 철회로 인해 어려서부터 상처받기 시작한다. 그러한 철회는 박탈감과 자신이 소중한 그 어떤 것도 받을 가치가 없다는 무가치감에 이르게 한다. 이러한 감정들은 자녀에게 합당한 정서적 · 신체적인 보살핌을 제공하는 데 있어 부모나 양육자가 무능한 것에서 비롯된다. 사실상 한 자녀를 무의식적으로 희생양으로 삼아 온 어른들은 그 아이를 다른 자녀와는 다르게 대한다. 이것이 바로 가족이 치료를 받으러 왔을 때 그들이 한 아이만을 지적하는 이유이고 때로

논리적으로 왜 그 아이에게만 도움이 필요한지 설명하는 이유이다. 만일 그 아이가 의학적인 문제를 겪고 있다면 이해할 만하다. 그러나 아이가 희생양이 되었을 때 그는 집안의 유일한 문제아로 간주된다. 이렇게 지명된 아이는 충분한 인정과 애정을 받지 못하고 자라게 되며 가족해체로부터 자신을 보호하려는 가족에게 이용된다. 그러한 자녀들은 결국 충성심을 통해 부모에게 매이게 된다.

충성심

'충성심(loyalty)' 이란 단어는 불어로 법을 의미하는 'loi' 에서 나왔다. 웹스터 사전(1989)은 충성심을 개인이 맹세나 의무 또는 어떤 것이 옳고 적합한지에 대한 감각으로 얽매인 충실함으로 설명한다. Boszormenyi-Nagy와 Spark(1973)는 충성심을 내면화된 의무감과 결부된 외적인 기대로 설명한다. 나아가 충성심은 집단과의 동일시, 다른 성원과의 관계, 신용, 신뢰, 책임감, 참여, 믿음 그리고 철두철미한 헌신을 망라하는 개인의 태도로 정의할 수 있다. 대부분의 가족에게 있어 충성적이어야 한다는 것은 사회적 규정과 제재에 대한 불문율의 표현이다. 이런 종류의 충성심은 외로워하고 친구를 필요로 하는 부모와 함께 있기 위해 학교공포증을 나타내는 일부 학생들에게서 찾아볼 수 있다.

부채의식

충성심은 종종 부채의식을 반영한다. 부채의식의 경우 "나는 지금 이 사람을 도와야 해요. 왜냐하면 그 사람이 없었다면 내가 해낼 수 없었기 때문이에요." 와 같은 말로 표현되듯이, 한 사람에게는 권리행사를, 또 다른 사람에게는 의무감을 증진시키는 행위를 포함한다. 2장에서 밝혔듯이 Boszormenyi-Nagy & Krasner(1986)는 그들이 언급한 '권리'와 유사한 '욕구 보완'의 개념 또한 중요하다고 지적한다.

획득한 권리행사

획득한 권리행사를 통해 개인은 자신을 돌봐 준 사람들을 보살핌으로써 즐거움을 얻고 인생을 즐길 권리와 자유를 얻는다. 또한 이렇게 성장한 자녀는 다음 세대에 보답을 바라지 않고 베푸는 행위를 통해 획득한 권리를 행사한다. 한 세대가 다음 세대로 전해질 때 그것은 그 운명대로 움직인다. 이것은 결국 다음 세대가 직접적으로 무엇을 보답할 것인가에 더하여 가족원에게 개인적인 해방을 맛보게 한다.

파괴적인 권리행사

심각하게 희생양이 된 경우에 발견되는 파괴적인 권리행사는 모든 아기들이 태어나면서부터 갖는 고유한 권리를 존중하는 데 있어 부모가 실패한 결과이다. 만일 어린 피부양자녀가 양육적인 보호를 박탈당한다면 그 아이는 부당하게 때로는 착취적으로 상처받았다고 말할 수 있다. 정서적·신체적 유기라는 관점에서 부모의 실패는 자녀의 가치에 영향을 미친다(Boszormenyi-Nagy & Krasner, 1986). 성인으로부터 어떠한 긍정적인 대우도 받지 못하고 오히려 상처를 입거나 이용당한 아이라 할지라도 여전히 성인에게 충성심을 느낀다. 하지만 이러한 충성심은 파괴적인 권리행사로 이어진다. 즉, 파괴적인 권리행사는 부모가 자녀를 만성적으로 불신하는 것, 자녀가 이룰 수 없는 목표를 제시하는 것, 자녀의 권리행사를 조종하는 것 등을 포함한다. 파괴적인 권리행사에는 자녀의 의존성과 무력감 그리고 고통받는 상처의 범위와 강도가 포함된다.

서른 살인 주연은 단지 자신의 엄마였다는 이유만으로 여전히 자기 엄마를 사랑하고 돌본다고 말했다. 비록 엄마가 두 살도 안 된 자기를 아기침대에 묶고 계속해서 방치하고 학대했을지라도 주연은 여전히 엄마에 대해 충성심을 가지고 있다. "엄마가 저에게 잘해 주지 않았다는 건 알아요. 하지만 엄마는 더 잘할 수 있는 방법을 몰랐던 거죠. 엄마는 여전히 저의 엄마예요." 이 사람은 자신이 겪은 학대와 유기에 관계없이 부모에게 자신의 생명을 빚졌다는 사실을 인정하고 이해한 것이다. 그러나 자기 자녀와의 관계에 있어서 그녀는 매우 파괴적이었다. 그녀는 자기 아이들이 학대받아서는 안 된다는 사실을 알고 있었지만 자신의 파괴적인 성향을 어떻게 멈춰야 할지 알지 못했다. 그녀가 의지할 수 있었던 것은 자신이 받았던 파괴적인 양육방법이 전부였다.

죄책감

희생양이 된 사람은 충성심을 갖지 못할 때 그로 인해 죄책감을 느끼게 된다. 정신 내적인 관점에서 죄책감은 종종 비이성적이면서 병리적인 것으로 간주된다. 죄책감 자체는 가족 내에서 부채의식이 어떻게 보여지는가에 따라 불합리한 것 또는 현실적인 것으로 분류될 수 있다(Boszormenyi-Nagy & Spark, 1973). Winnicott(1986)는 죄책감을 느낄 수 있는 능력이 중요한 발달적 성취라는 것을 처음으로 인정했으며 죄책감을 유아가 관계를 유지하기 위해 발달시키는 능력의 하나로 보았다. 실제적인 죄책감은 상처를 수반하는 고통과 같은 것이다. 그것은 뭔가가 잘못되었다는 것을 드러내며 개인의

제3장 희생양이 된 사람의 성격

궁극적인 치유를 위한 자극으로 쓰일 수도 있다. 그러나 어떤 사람들은 병리적인 죄책감으로 인해 괴로워한다. 이러한 상황에서 한 사람이 모든 다른 사람의 죄책감을 떠맡는다. Karpel과 Strauss(1983)가 지적했듯이 죄책감은 흔히 다른 사람을 배반하는 것으로 인한 공포나 실제로 충성심을 위반하는 일을 한 것에 대한 두려움과 연관된다.

부모화

건강한 가족에서 자녀가 부모의 자원을 보충하는 것은 정도에 따라 자녀가 성장하고 강화되는 수단이 될 수 있다. 그러나 부모가 지나치게 자녀에게 의존할 때 자녀는 부모의 역할을 하기 위해 늪에 빠지듯이 헌신하게 된다.

희생양이 된 아이들은 종종 엄청난 죄책감을 느끼며 가족의 모든 문제들을 떠맡는다. 2장에서 논의했듯이 이러한 일은 때때로 부모의 권위남용으로 인해 일어난다. 권위의 남용은 바로 부모화로 설명할 수 있다. 부모화란 곧 부모자녀 관계에서 의무의 비대칭적인 특성을 무시한 권위의 남용으로 부모가 자녀를 동료처럼 보는 것을 말한다(Boszormenyi-Nagy & Krasner, 1986).

파괴적인 부모화

파괴적인 부모화란 부모가 자신의 욕구 때문에 자녀의 이용 가능성을 강화하기 위해 자녀의 변함없고 얽매인 효성스러운 의무를 이용하는 것으로 묘사할 수 있다(Boszormenyi-Nagy & Krasner, 1986). 부모화는 여러 가지 형태를 띨 수 있는데, 예를 들면 자녀를 어린애 취급하는 것, 소유물로 여기는 것, 극단적으로 과잉보호하는 것 등을 포함한다. 이러한 모든 것들은 자녀의 인성발달을 저해할 수 있다. 흔히 부모는 그러한 자녀를 자신이 처한 모든 문제를 처리하기 위한 영구적인 토대로 이용한다.

파괴적인 부모화가 빚어내는 최악의 경우는 중독과 범죄의 사례에서 볼 수 있다. 한 젊은이의 내면으로 향한 분노는 음주와 약물남용을 초래할 수 있다. 어떤 젊은이들은 다른 사람을 학대하는 사람이 되고 빚을 청산하지 못하는 범죄에 가담하게 된다. 그들의 분노는 범죄의 형태를 띤 채 가족과 외부세계로 향하게 된다.

부모가 성인으로서 자신의 책임을 수행하지 못하게 될 때마다 자녀들은 지나치게 무거운 책임감을 떠맡기 위해 소집된다. 그러나 한 자녀에게 명시된 기간 동안 성인의 책임이 주어지는 경우, 그러한 상황이 자녀에게 손해를 주거나 자녀를 이용한다기보다는 자녀의 정서적 성장을 증진시키는 건전한 상황으로 조성될 수도 있다.

그러나 파괴적인 부모화는 역할 이동이 생길 때 발생하지 않고 부모자녀 관계의 양상이 바뀔 때 일어난다. 파괴적인 부모화에서 아이는 자신이 하는 일을 통해 인정을 받는 것이 아니다. 더욱이 일이 잘 풀리지 않을 때 부모는 부정적으로 죄책감을 불러일으키는 근거 없는 이야기를 하며 자신의 욕구를 충족시키기 위해 아이를 조종한다. 죄책감을 유발하고 부과하는 것이 교묘할수록 자녀는 이러한 파괴적인 부모화의 역할에 발목을 잡힌 것처럼 느낀다. 내가 기억하는 최악의 사례 중의 하나는 다음과 같다.

열 살 먹은 소녀 남주는 아빠의 욕구를 채워 주기 위해 차출되었다. 가령 남주는 엄마가 아프거나 피곤할 때 바쁜 아빠와 함께 외출하곤 하였다. 즉, 남주는 대리부인 역할을 하였다. 열 살 되던 해 생일파티에서 아빠가 남주에게 꽃다발을 선사하자 엄마는 불같이 화를 내며 딸에게

욕을 하면서 남편을 빼앗아 간 아이라고 비난하였다. 격분한 엄마는 부엌으로 달려가 가위를 들고 와서는 딸의 긴 머리카락을 자르기 시작했다. 그녀의 남편이 딸의 아름다운 머리칼에 감탄했기 때문이었다. 이 얼마나 기막힌 생일 선물인가!

남주는 자신의 역할에 대해서는 전혀 인정받지 못하고 자신이 감당해야만 했던 역할로 인해 희생된 부모화된 아이였다. 즉, 남주는 이제껏 이중 속박 속에서 살아왔다. 이 소녀의 파괴적인 부모화는 엄마의 허약함과 좋지 못한 건강, 그리고 아빠의 배우자에 대한 욕구라는 필요에 의해 생긴 것이다.

모든 자녀들은 양육과 보호, 지도에 대한 필요로 인해 부모노릇을 할 자격을 부여받는다. 부모화의 부족은 파괴적인 부모화와 자녀 자신이 파괴적인 권리행사를 만드는 결과를 초래한다(Boszormenyi-Nagy & Krasner, 1986). 이런 아이들은 어릴 적부터 자기주장하는 법을 배우지 못했으며 벌을 받아 왔고 자신이 자기 몸과 마음의 주인이 아닌 것처럼 느끼도록 양육되었다. 이런 아이들은 가족의 짐을 짊어지고 가는 사람이 될 준비가 되어 있다.

열다섯 살의 별로 매력이 없는 준이라는 소년은 그런 아이 중 하나였다. 준이의 피부빛은 유난히 검었는데, 그의 엄마에 의하면 가족 중에서 그 아이만 유일하게 검었다고 한다. 준의 엄마는 한숨을 쉬면서 자기도 피부 빛이 검으며 자신의 엄마도 그 점 때문에 항상 언짢아했다고 덧붙였다. 잘생긴 동생들은 맏이인 준을 잘 따랐다. 엄마는 어쩐지 준이 태어날 때부터 달랐다고 느꼈다. 때때로 엄마는 준이 자신을 쳐다볼 때, 심지어 준이 아주 어렸을 때조차 자신을 쳐다보면 불편해 했다. 그녀는 아이가 자신을 뚫어지게 보는 것처럼 느꼈다. 그래서 화가 나 아이 얼굴을 돌려 놓곤 했다. 그러나 엄마는 준이가 커 갈수록 자신을 지켜보고 있고, 말로 나타내는 것 이상으로 자신과 자신의 행동에 대해 더욱 더 많이 알고 있는 것 같은 느낌 때문에 준에게 격렬한 분노를 키워 갔다.

준이의 엄마는 약한 자아를 가지고 있으며 파괴적인 부모화를 경험한 적이 있다. 그녀는 자신의 욕구와 자신의 양육에 대한 쉼 없는 전쟁에 사로잡혀 있었으며 자신의 아들을 미워하는 법을 배웠다. 언젠가 준이 네 살이었을 때 그녀는 아이에게 매우 화가 나서 아이의 눈을 다치게 했다. 내가 분노에 가득 찬 이 아이를 만났을 때 아이는 의안을 하고 있었다. 아이는 '나쁜 아이'가 되어 집에 불을 질렀고 여러 번 가출을 했다. 아이가 '나쁜 짓'에 대한 적절한 조치를 받기 위해 집에 왔을 때는 모진 폭력과 훈육을 감수해야 했다. 그리하여 그는 엄마처럼 약한 자아와 빈약한 자아상을 가진 사람으로 자랐으며 부모나 양육자에게 조종당하고 똑같은 일을 다른 사람에게도 저지르는 엄마 같은 사람이 되었다.

부모가 이처럼 희생양이 된 자녀에게 이상화된 목표를 설정할 때 자녀는 초인적인 완벽함과 신뢰성을 가진 존재로 간주되는데 이로 인해 부모나 양육자가 좋은 부모가 되고픈 내적인 욕구를 외현화하게 된다. 불쌍하지만 이처럼 불가피하게 이상화된 사람은 완벽주의적인 기대에 못 미치게 됨으로써 배신자로 비난받아 마땅한 표적이 된다. 그러므로 자녀의 성격에 대한 부모의 지지와 존중이 본질적으로 소유적이고 이기적이며 파괴적인 부모화가 설정한 목표에 의해 가려진다. 이것은 아이가 건설적인 방식으로 '어른처럼' 된다는 의미는 아니다. 왜냐하면 그 기준이 도달하기엔 너무 높고 그것을 뒷받침해 주는 지지는 부족하기 때문에 아이는 부정적인 행동의 표적이 된다. 보통 파괴적인 이상화는 파괴적인 부모화로 가는 첫걸음이다(Boszormenyi-Nagy & Krasner, 1986).

어떤 가족이 맏아이를 치료하기 위해 왔다. 왜냐하면 그 아이는 '이 세상에서 가장 나쁜 아이'였기 때문이었다. 부모는 큰아들인 세진이 또래들에게 대항하여 자신을 방어할 줄도 모르고 동네에 사는 아이들을 무서워하는 남자답지 못한 아이라고 불평했다. 그러나 그의 생활사를 보면 가족이 무기력하게 그들의 모든 문제를 이 아이에게 내던졌음을 알 수 있다. 부모의 끊임없는 부부갈등이든 경제적 문제든 그는 부모의 분노와 고통 그리고 실패의 표적이었다. 그는 '나쁜 아이'로서 결코 집안에서 자기 자신을 주장하도록 허용되지 않았으며, 동시에 그는 부모를 지지해야 했고, 어른처럼 굴어야 했다. 부모 또한 세진에게 매우 비현실적인 기대를 가졌는데, 가령 그가 정서장애 아동을 위한 특수학교에 다니고 있고 학교성적이 평균 이하였음에도 불구하고 공부를 아주 잘하기를 원했다.

겉으로 보기에 세진의 부모는 자신의 욕구충족을 위해 이처럼 높은 기준을 세워야 했던 것 같지만 적어도 무의식적으로는 아이가 높은 기준에 도달할 수 없으리라는 것을 확신하고 있었다. 가정과 외부의 관계에 존재하는 착취적이고 파괴적인 관계 패턴에서 빠져 나올 수 없을 때 희생양이 된 사람의 자아는 포기되고 평가절하된다. 희생양을 만드는 사람은 희생양이 된 사람과의 관계에서 만족과 유익을 얻는다. 가족원들은 자녀를 희생양으로 만듦으로써 그 대가로 유리한 자기정의를 발달시킨다. 비록 희생양이 된 자녀가 가족의 응집력 유지에 중요한 역할을 할지라도 이것은 결코 인정받지 못한다.

비난

비난은 희생양을 만드는 과정에 있어 중요한 측면이다. 희생양이 된 사람은 악역을 도맡고 비난을 받아들이도록 배운다. 그러나 흥미로운 것은 희생양을 만드는 사람들 또한 자신의 결점과 과거 양육의 피해자라는 점을 언급한다는 사실이다. 이로써 다른 사람을 비난하는 사람은 자신의 책임이라는 뉘앙스에 직면하는 것으로부터 보호되는 것이다. 잘 알고 있듯이 자신의 불완전함을 다른 사람에게 투사하기는 훨씬 쉽다. Boszormenyi-Nagy와 Krasner(1986)에 따르면 희생양이 된 사람의 나이와는 관계없이 희생양을 만드는 과정은 언제나 암시적인 부모화를 나타낸다. 그러므로 희생양은 다른 누군가의 문제와 짐에 대한 책임을 맡는 것을 내면화하고 학습하며 가족의 짐을 지는 사람이 된다.

이와 관련하여 생각나는 사례가 있다. 남편과 세 명의 자녀를 둔 여자가 있었다. 그녀는 신뢰할 수 없는 세계에 둘러싸여 있었기 때문에 장남에게 많은 기대를 걸었다. 그래서 그녀는 아들이 자신에게 완전히 마음을 열어야 한다고 주장했다. 물론 이 아이는 엄마가 정한 높은 기준에 이르지 못했다. 왜냐하면 그 아이는 이 세상에서 완전히 믿을 수 있는 존재로 자신을 보려는 엄마의 소망을 충족시킬 수 없었기 때문이었다. 이런 식으로 희생양이 된 사람이 지키며 살아야 하는 기준 가운데 하나는 과잉 이상화이다. 아이는 비현실적으로 높은 기준에 도달할 수 없기 때문에 비난의 목표물이 될 뿐이다.

또 다른 사례로 열두 살 된 재은은 서로 불신하는 부모 사이에 끼여 부모에 대한 충성심을 나누어야 하는 상황에 있었다. 부모는 각각 아이가 자신에게만 신뢰감을 내보이기를 은근히 기대했다. 하지만 밖으로 표출되는 가족 분위기는 불신감으로 가득 차 있다. 이런 경우 아이들은 부모들의 갈등적인 요구에 꼼짝없이 붙들리게 된다. 희생양이 된 재은은 부모에게 신경을 쓰지 않는다고 혼났다. 그는 부모의 문제로 인해 비난받았고 '가족을 화합시켜야 하는' 책임을 맡았다. 동시에 이 아이는 가족을 위해 긍정적으로 기여한 그 어떤 일에 대해서도 인정을 받지 못했다.

또한 비극적일 만큼 파괴적인 부모화는 부모와 자녀 양쪽에 상실을 가져온다. 즉, 부모는 자기합리화에 대한 선택권을 상실하며 자신만의 자율성을 쉽게 발달시키지 못한다(Boszormenyi-Nagy & Krasner, 1986).

어떠한 탈출구도 없는 상황에 붙들린 희생양이 된 자녀는 자신이 받아 온 것을 성찰하는 자아 특성을 발달시킨다. 그런 자녀는 정신적인 상처와 갈등 그리고 박탈감이나 때로는 신체적인 상처로 시달리게 된다. 그리고 계속되는 상처로 인해 자신은 상처받지 않을 가치조차 없다고 느끼게 된다. 아이가 내보이는 무가치감은 동화과정을 통하여 그리고 양육자의 신체적·정서적 양육 능력의 부재를 반영하는 정신적 전염에 의해 생길 수 있다. 다른 사람에 의해 완전히 통제를 받을 때 자녀는 공격성이나 분노를 표현하더라도 자기주장의 영역에서 깊은 상처를 만들 수 있다. 희생양 콤플렉스에 사로잡히게 되는 것은 양심의 지각, 고통을 감수하는 능력, 자기주장 역량의 부족 그리고 마침내는 자기만족 욕구의 측면에서 개인의 자아 강도에 영향을 줄 수 있다.

2. 지각의 왜곡

희생양이 된 자녀들은 보통 부모의 욕구에 과도하게 자극을 받거나 때로는 천성적으로 지나치게 민감하며 모든 정서를 강렬하게 지각하고 경험할 수 있다.

때때로 가족의 고통과 불행이 자녀에게 투사된다. 자녀는 손상되지 않은 채 고스란히 보존된 가족사의 위험한 구경꾼으로 지각된다. 앞서 논의한 대로 그런 자녀는 가족의 그림자로 간주된다. 부모와 애증관계에 있을 때에도 자녀의 마음속에는 혼란이 있게 된다. 가끔은 부모와 자녀 간에 감정이입적인 유대가 있으며 이로 인해 자녀들은 부모가 무의식적으로 요구하는 패턴에 빠져든다. 그러므로 자녀들은 마치 마법에 의해 보호되듯이 부지불식간에 위험하고 위태로운 상황으로 다가갈 수 있다(Perera, 1986). 자녀학대 사례에서 보듯이 자녀는 속죄될지 모른다는 희망으로 계속해서 부모에게 되돌아온다.

은주는 다섯 살 때부터 위탁가정에서 자랐다. 은주는 엄마로부터 신체적인 학대를 받아 왔다. 은주가 위탁보호시설에 들어가게 된 후 엄마는 자취를 감췄고 아동복지담당자는 그녀와 연락을 할 수 없었다. 그러다가 은주가 열다섯 살이 되자 엄마는 갑자기 입양가족에게 전화를 걸어 은주를 보러 오겠다고 약속했다. 이런 일이 세 번이나 있었지만 엄마는 한 번도 오지 않았다. 위탁가족은 불쾌했고 은주의 생모에게 화가 났다. 은주는 생모가 자신을 모른다고 생각했지만 자신의 생모와 같이 살고 싶은 마음 또한 컸다. 그녀는 치료자에게 계속해서 말했다. "그분은 내 엄마예요. 그리고 엄마는 저를 낳은 사람이에요. 엄마가 저에게 생명을 주었기 때문에 엄마가 원하는 방식으로 저를 벌줄 권리가 있어요. 저는 엄마와 살아야만 해요. 왜냐하면 엄마가 저를 필요로 하기 때문이에요. 양부모님이 아무리 좋은 분들이라 해도 저는 그분들과 살고 싶진 않아요."

은주는 계속해서 방치되었고 유기되었으며 엄마로 인해 실망했지만 엄마와 함께 있기를 고집했다. "나를 때리고 잘 먹이지 않았어도 어쨌든 엄마는 엄마예요." 그러던 어느 날 생모는 불현듯 전화를 해서 은주는 자신이 낳은 자식이기 때문에 은주를 찾아갈 권리가 있다고 말했다. 은주는 몹시 희망에 부풀어 기다렸지만 엄마는 약속을 지키지도 않았고 심지어 은주를 찾아오지도 않았다.

은주는 자신의 생모에게 화를 내기는커녕 생모를 숭고한 인물로 여기고 오히려 자기 자신을 엄마가 만나러 올 수도 없게 만든 문제아로 간주했다.

경직성—모두 좋거나 모두 나쁘거나

은주처럼 오랫동안 희생양의 위치에 있는 아이들은 현실을 모두 좋게 보거나 그렇지 않으면 아예 나쁘게 본다. 즉, 중립적인 입장에서는 볼 수 없는 왜곡된 경직성의 형태를 띤다. 자녀들은 일차적으로 부모에게 수용되는 것에 전념하기 때문에 균형 잡힌 상황평가를 할 수가 없다. 사물을 다르게 보고 관점을 취하는 데서 얻게 되는 생명력이 힘을 갖지 못한다. 그러므로 거부하는 부모에게 인정받고자 절망적으로 애쓰면서 한 가지 면에만 집착하여 사물을 객관적으로 볼 수 없고 전체적인 상황을 놓친다. 종종 그런 아이들은 자신에 대한 평가에 부정적으로 초점을 맞춘다. 그들은 급진적인 지각상의 자아 왜곡을 겪기 때문에 자신이 더 나아지지 않을 것이라고 느낀다.

가족으로부터 철저하게 거부당한 열일곱 살의 창환은 가족의 모든 죄를 자기 때문이라고 생각했다. 그는 세상이 정한 어떠한 긍정적인 목표에도 도달할 수 없다고 느꼈다. 따라서 성공과 성취가 기준이 되지 않는 상황, 곧 자기 자신이 별로 중요하지 않은 상황에 빠져들었다. 이런 사람은 자신을 항상 부정적인 정보를 쏟아내는 컴퓨터와 같다고 생각한다. Perera(1986)의 연구에서 지적된 바와 같이, 거부당한 희생양이 된 개인은 자신을 부정적인 정보로 가득 찬 부정적인 사람으로 보며 이러한 상황에서 자신을 구하기 위해 할 수 있는 일은 전혀 없다고 생각한다.

자신의 지각에 대한 타당성의 결여

오랫동안 심각하게 희생양이 되어 온 사람들은 감정, 사실, 사고, 아이디어에 대한 자신의 직접적인 지각의 타당성을 거의 또는 전혀 믿지 않는다. 열세 살 된 경태는 자기 자신을 '나쁜 아이'로 보았는데 "모두들 나를 나쁘고 멍청하다고 하는데 내가 어떻게 그 말을 안 믿을 수 있겠어요"라고 말했다. 비록 이러한 이미지가 불공평하고 고통스러운 것이라 해도 경태는 그것을 자기 삶의 실제로 받아들였다. 그러나 부모들은 그가 도달할 수 없는 독재적인 기준에 몰두해 있는 것으로 보았다. 이처럼 희생양이 된 사람은 자신에 대한 부정적인 말만 계속해서 듣는 것과 동시에 그러한 기준에 이르지 못하는 것과 관련된 거부를 지속한다. 결국 그는 더욱더 자기 자신을 거부하는 소외감을 갖도록 내몰린다. 그로 인해 그는 자신이 도달해야 하는 기준에 대한 가족의 변덕스러운 상황평가를 더욱 더 신임하게 된다. 경태는 치료나 다른 교정적인 도움을 통해 이러한 모든 이상적인 기준들을 종합하여 자신에게 맞는 최적의 기준을 통일하고서야 자신의 재능과 한계를 동시에 인식하는 하나의 완전한 개인이 될 수 있었다.

유죄의 느낌

종종 희생양이 된 사람은 자신이 도달할 수 없는 기준을 가진 희생양을 만드는 사람들에게 심판받고 비난받는 것처럼 느낀다. 결국 희생양이 된 사람들은 비참함과 죄책감을 느끼며 기준에 못 미치기 때문에 나쁘거나 잘못된 존재로서의 정체감을 갖게 된다. 그들은 자신을 비난하되 희생양을 만드는 사람을 비난하지 않는다. 희생양이 된 사람은 오랫동안 지배를 당해 왔기 때문에 심지어는 희생양으로 만든 사람의 결점을 생각하는 것조차 힘이 든다고 여긴다. 희생양이 된 사람들은 보통 희생양을 만든 사람들을 더 좋게 보고 좋게 평가한다. 앞서 언급했듯이 그들은 계속해서 자신을 속죄하려고 하며 감상적일 만큼 희생양을 만든 사람들의 행동을 이해한다. 희생양이 된 사람들은 타인의 결점은 용서하지만 본인의 결점은 용서할 수 없다. 그것이 똑같은 결점이라 할지라도 말이다. 이러한 점 때문에 자아가 지각상의 분열에 끼어 있을 때 기능하기가 어렵다. 사고의 지각적 분열은 어떤 사람은 전적으로 좋고 다른 어떤 사람은 전적으로 나쁘다고 보게 되며 희생양이 된 사람은 '나쁜' 특질을 가진 사람과 동일시하게 된다.

앞서 언급했듯이 분열은 우리 생활 도처에서 일어나는 보편적인 현상이며, 자아가 자신과 객체 또는 그 자체와 객체들의 자아를 식별하는 활동이다(Grotstein, 1985). 또한 지각상의 분열의 관점에서 이러한 견해는 희생양이 된 사람의 자신에 대한 감각을 반영한다. 하지만 그것은 어른들이 그에게 투사한 이중 기준상의 모순이 없을 때 해당한다. 종종 희생양을 만드는 수많은 사람들이 제시하고 활용하는 이중 기준은 희생양이 된 사람에게서 보이는 자기혐오나 혼란과 같은 많은 문제들을 초래한다.

희생양이 된 사람은 아주 어린 시절부터 자신을 비난하는 법을 배운다. 동근이의 경우도 그랬다. 어느 날 밤 동근이가 엄마에게 아빠가 왜 집에 돌아오지 않느냐고 묻자, 엄마는 아빠가 술 마시러 나간 것은 동근이 바로 너 때문이라고 대답했다. 그래서 동근은 아빠가 술이 취해 들어올 때마다 자기가 뭔가 잘못했기 때문에 아빠가 술을 마시는 것이라고 생각하며 책임을 느꼈다. 어느 날 동근은 아빠에게 심하게 매를 맞게 되었다. 왜 때리냐고 묻자 아빠는 그가 맞을 만 했고 동근이 가족에서 모든 문제를 일으키는 '나쁜' 아이이기 때문에 버릇을 고칠 필요가 있다고 말했다. 즉, 아주 어린 시절부터 동근은 자신을 '나쁜 사람'과 동일시했고 사악하다고 보았다. 그는 신발 끈도 매지 않고 바지 지퍼는 열어 놓은 채 다니곤 했다. 동근은 가족으로부터 넘겨받은 자기혐오의 시선으로 자신을 보았다.

그런 사람은 어떻게 자기 부모를 묘사할까? 동근은 엄마를 아주 엄격하게 자신을 고쳐 보려고 최선을 다한 사람으로 묘사했다. 하지만 자신은 개선되지 않았고 항상 문제를 일으켰기 때문에 딱하게도 엄마는 성공하지 못했다는 것이다. 다시 한 번 이 아이의 가치관의 지각은 분열되어 있었다. 그는 자기 부모가 '인내심 많고 좋은 부모'였다고 항변했지만 부모에게 무자비하게 맞고 벌 받았던 사실은 간과했다. 이처럼 희생양이 된 아이는 가족 콤플렉스에 붙들려서 가족으로부터 거부된 부분과 부정적인 측면은 자기가 떠맡고 궁정적인 측면은 다른 가족들에게 부여한다. 그럼으로써 자기 방식대로 전체적이고 객관적인 현실을 만들기 위해 노력한다. 따라서 동근은 자신의 생활과 가족생활의 부정적인 측면을 계속해서 자기 탓으로 돌리면서 암흑 같은 삶을 살고 있는 것이다.

양극화된 자아의 측면

종종 이러한 양극화된 자아의 측면에 치료의 초점이 맞춰진다. 이때 내담자들은 자신이 어느 정도로 부정적인 특징들을 짊어지고 있는 사람으로 자신을 보고 있는지 이해하도록 도움을 받을 수 있다. 내담자는 자신에게서 그 어떤 생산적이거나 긍정적인 면도 볼 수 없기 때문에 처음에는 충격을 받는다. 언젠가 만기라는 아이가 내게 물은 적이 있다. "제 글씨가 정말로 멋지다고 생각하세요? 아니죠? 농담하신 거죠?" 만기는 내가 건드렸다고 생각한 바보같은 딜레마에서 나갈 길을 나에게 묻고 있었던 것이다. 내가 그의 필체가 좋다고 칭찬하자 그는 놀랐고 그런 생각을 부인했다. 그는 오랫동안 비난만 받아 왔고 평가절하를 당해 왔기 때문에 자신 속에 있는 어떤 긍정적인 것도 인정할 수 없었던 것이다.

수차례에 걸쳐 희생양이 된 사람은 자기 자신을 가족 안에서 잘못을 저지르고 무능하며 거부된 사람과 동일시한다(Perera, 1986). 희생양이 가족 안에서 느끼는 충성심은 주목할 만하다. 희생양이 된 사람은 자신이 준비되기 전까지는 치료자가 제공하는 능력강화의 도움을 거부하려고 한다. 능력강화를 수용하고 개발하기까지는 오랜 시간이 걸린다. 종종 희생양이 된 사람은 자신과 타인 속에 있는 좋은 점과 나쁜 점을 둘 다 볼 수 있는 준비가 되기 전까지 양자택일의 상황에 빠진다. 희생양이 된 사람은 모든 것을 극단시하며, 그것을 인식하기 위해서는 치료자와 매우 안전한 관계가 필요하다.

희생양이 된 사람들이 머릿속에 가지고 있는 이러한 전형적인 왜곡은 그들의 신체상에도 전달된다. 내가 다루었던 또 하나의 힘들었던 사례는 정우의 경우였다(5장 참고). 정우는 난로에 입술을 데었다. 치료 도중 언젠가 정우는 화상을 입은 그 사건이 자신에게 있는 모든 문제의 원인이었다고 설명했다. 이러한 결점, 즉 그의 입술은 단순히 그가 가진 모든 괴로움의 원인으로 보였다. 그는 오랫동안 나와 눈을 맞추려 하지 않았고 내가 자신의 못생긴 입술 때문에 자기를 싫어할 것이라고 생각했다. 자기혐오에 깔려 있는 합리화는 바로 개인이 느낀 정체감이다. 물론 정우는 엄마를 비난하지 않았다. 하지만 엄마는 부부문제로 화가 나서 정우의 입에 화상을 입게 한 장본인이었다. 어쨌든 정우는 자신이 그러한 무시무시한 처벌을 받을 만했고 그에 따라 자신의 역할을 한 것이라고 느꼈다.

이러한 아이는 자신의 자잘한 생활에서 심리적이고 대인관계상의 역할에 기인한 죄책감의 정당화로 괴로움을 겪고 있었다. 어쨌든 자신이 나쁜 사람이라는 지각은 자신과 남을 판단하고 받아들이는 방식에 영향을 미쳤다. 가치평가와 수용은 표준화된 공통적인 가치에 대한 동조와 복종에 좌우되며 의도적이고 의식적이든지 비의도적이고 무의식적이든지 간에 그러한 것으로부터의 이탈은 타인으로부터 비난과 견책, 배척 또는 처벌을 불러일으킨다(Whitmont, 1986). 정우는 자신이 자격미달이며 다른 사람들보다 힘을 적게 가진 일탈자라는 느낌으로 살아 왔다. 치료를 시작할 즈음에 정우는 자신에 대한 이러한 이미지를 믿고 있었다.

3. 고통스러운 경험의 보유와 감수

희생양이 된 아이들은 아주 어렸을 때부터 신체적 애정을 받지 못했으며 심지어 부모의 팔에 안겨 보지도 못했기 때문에 누군가가 자신을 원하지도 받아들이지도 않는다고 느끼기 시작한다. 아이가 사랑받고 있다는 것을 보여 주기 위해 만지고 안고 입 맞추는 것 같은 신체적 행동으로 표출되는 애정이 이 아이들에게만은 주어지지 않았다. 그러므로 이러한 아이들은 그 어떤 보호적, 애정적 행동도 받지 못한다(Perera, 1986). 어떠한 지지도 받지 못한 채 남겨진 아이들은 전체 가족체계에서 내쫓긴 것처럼 느낀다. 설상가상으로 그 아이들은 말 그대로 희생을 위해 선택된 양과 같이 자신을 특별히 선택된 대상으로 느낀다.

기본적인 실패감

Balint(1968)가 말했듯이 기본적인 실패감이나 기본적인 실패감의 수준은 인간에게 내재된 하나의 특질이다. 이것은 개인이면 누구나 어느 정도의 갈등에 직면한다고 보는 오이디푸스 콤플렉스와는 같지 않다. 개인은 오이디푸스 수준에서는 많은 갈등이 있지만 기본적인 실패감의 수준에서는 갈등을 경험하지 않는다. 개인은 어떠한 갈등도 없이 비난이나 잘못을 기꺼이 받아들인다. 이러한 내담자들은 공허감과 죽은 듯한 느낌, 무용지물이 된 듯한 느낌을 가지고 있다. 그래서 나는 이런 사람들을 '깨우기가' 더 어렵다는 사실을 알게 되었다. 그들은 자신에게 제시되고 이야기되고 행해지는 모든 것을 힘없이 받아들인다. 그들은 사람들이 외면하는 파괴적인 부정적 행동을 드러낼 뿐이며 이것은 희생양화에 의해 강화된다.

그런 사람들은 어릴 때부터 자신 속에 바로잡아야만 하는 어떤 잘못이 있다고 느끼도록 배워 왔다. 콤플렉스도 갈등도 어떤 상황 탓도 아닌 자신의 잘못으로 보는 것이다. 그들은 마음속 깊숙이 누군가 자신으로 하여금 잘못을 저지르게 했거나 실패하도록 만들었다고 느낀다. 이러한 영역을 둘러싼 불안은 치료자가 내담자를 돌보아서 그 사람을 실패하지 않도록 해야 한다는 필사적인 요구로 표현된다. 영어에서 결점을 뜻하는 'fault'라는 단어는 물리학에서는 '단층'을 뜻한다. 단층이란 전체 구조물에 가해지는 갑작스러운 불규칙성을 말하며, 이때 불규칙성이란 정상적인 상황에서는 감춰져 있지만 긴장과 스트레스가 생기면 균열을 초래하고 심각하게는 전체 구조물을 파괴할 수도 있다(Balint, 1968).

Balint는 기본적인 실패감이 신체·심리적인 욕구와 물질적·심리적 보호, 관심 그리고 이용 가능한 애정 사이의 상당한 불일치가 있던 생애 초기까지 거슬러 올라갈 수 있다고 지적했다. 이것은 결핍의 상태를 만들며 그 원인들은 선천적일 수 있다. 즉, 유아의 신체·심리적 욕구는 방광 신장과 보행 실조의 예에서처럼 지나치게 강요적일 수 있다. 그러나 그것은 또한 환경적일 수 있으며 이는 치료자의 관점에서 중요하다. 환경적으로 보자면 아이에 대해 보호가 불충분하거나, 되는 대로 하는 식이거나, 과잉불안이거나, 과잉보호거나, 가혹하거나, 엄격하거나, 과잉자극적이거나, 비일관적이거나 또는 이해가 부족하거나 무관심한 것일 수 있다. 즉, 아이와 환경을 대표하는 사람들 사이의 '적합성'이 부족할 수 있다.

Balint는 이러한 기본적인 실패감이 형성되는 과정을 둘 중 오직 한 사람만이 문제가 되는 이인관계에서 비롯된다고 본다. 그러한 이인관계에서는 한 사람의 소망과 욕구만이 중요하며 관심을 기울여야 하는 대상이다. 다른 사람(이는 자녀일 수 있다)이 비록 매우 힘이있는 것처럼 여겨질지라도 그가 상대방의 욕구와 소망을 만족시키거나 좌절시킨다면 그다지 문제가 되지 않는다. 나아가 그의 개인적흥미와 욕구 그리고 소망들은 존재하지 않는 것처럼 보인다.

Balint는 기본적인 실패감을 일차적인 대상관계로 본다. 이러한 관계가 왜곡되면 아이가 발달시키는 모든 관계에 영향을 미친다. 아이의 행동에 변화를 가져오기 위해 치료자는 치료 상황에서 내담자 자신의 강박적인 패턴과 일치하는 일차적인 관계를 발전시키고, 내담자가 새로운 형태의 대상관계를 유지하고 경험하고 실험할 수 있을때까지 평화로운 분위기를 유지하도록 도울 필요가 있다.

이러한 상태를 획득하기 위해 내담자는 원래의 결핍상태 또는 그이전의 어떤 단계의 원인인 특정한 형태의 대상관계를 향해 나아가거나 이전 상태로 퇴행해야 한다. 일부 심하게 희생양이 된 내담자에게는 자신의 강박적인 패턴을 포기하고 덜 방어적이고 더 융통성있는 새로운 패턴들을 계발하기 전에 이러한 선행조건을 갖추는 것이 중요하다. 이는 내담자에게 이제까지 보였던 긴장이나 마찰을 줄여 주면서 현실에 자신을 적응시키는 가능성을 더 높여 준다(Balint, 1968).

내담자가 실험하고 성장하는 동안 치료자는 자신이 전지전능한사람으로 보이지 않도록 해야 한다. 내담자는 전지전능해 보이는치료자를 부모와 같은 인물로 보기 쉽기 때문이다. 때때로 내담자는 퇴행하거나 만능의 치료자가 자신을 불행에서 빼내 줄 것으로 기대할 수 있다. 치료자가 내담자를 도와줄 수 있는 방법은 오직 환경을 제공하는 것뿐이다. 분투하고 이해하고 성장하며 변하기 위한 노력은 내담자의 몫으로 남겨 두어야만 한다. 만일 치료자가 구해 준다는 약속을 하거나 그런 희망을 준다면 내담자는 치료자에게 지나치게 의존할 수 있고, 그로 인해 치료자와 내담자 모두에게 극복할 수 없는 어려움이 닥칠 수 있다.

치료자가 내담자의 성장과 관련하여 갖추어야만 하는 중요한 요인 중의 하나는 환경과 내담자 간의 관계, 즉 '촉진적인 환경'을 조성하는 것이다(Winnicott, 1948, 1958). Spitz(1946)의 말대로 치료자는 '환경의 중재자'가 될 수 있다. 촉진적인 환경은 환경 속에서 기능하는 개인의 적응능력을 증진시키기 위해 개인과 환경 간의 상호작용이 일어나는 영양분이 있는 환경의 특질로 묘사될 수 있다. 이렇게 주어진 상황 속에서 치료자는 환경의 일부로서 적절한 치료적 분위기를 조성하고 희생양이 된 내담자들이 대처하고 적응하고 성장하도록 도와주는 중재자 역할을 한다.

희생양이 된 사람은 자신의 강점과 타인에 대한 반응을 고통의 원인으로 본다. 모든 고통은 '착하지' 않기 때문에 받는 벌이라고 생각한다. 수아의 경우 가정에 문제가 있을 때마다 혹은 아이들 중 누군가가 잘못했을 때마다 특정한 한 아이, 즉 수아가 나쁜 아이로 몰렸다. 혼나면서도 그녀는 자신에게 잘못이 없다는 것을 알았고 이에 화가 났다. 이것을 빌미로 가족은 '화난 상태'에서 보여 준 수아의 행동이 바로 죄책감의 증거임을 그녀에게 보여 주려고 했다. 요컨대 수아가 화를 낸 반응은 죄책감과 연결되었고 성인이 되면서 그녀는 계속해서 자신의 심리적인 고통을 거부와 열등감과 동등시했다. 그러나 수아의 사례에서처럼 실제로 죄책감을 가진 당사자는 부모나 중요한 보호자들이다. 아이는 가족의 짐을 짊어지는 책임을 진 피해자이기 때문이다.

고통스럽다는 것은 잘 지내지 못한다는 것과 같기 때문에 내담자들은 종종 자신이 정상이고 싶다고 말한다. 이는 건강한 사람일지라도 고통을 느낄 수 있음을 그들이 이해하지 못한다는 것을 뜻한다. 마치 그들은 사람도 아닌 것처럼 희생양이 된 사람들의 생각과 느낌, 의도와 언어 등이 간과되고 무시된다 하더라도 그들의 행동과 동기는 평가되고 이용된다. 그러므로 그들은 자신의 자아나 정체감을 인식하는 데 엄청난 실패를 겪게 된다. 희생양이 된 사람들은 아주 어려서부터 가족의 분위기에 적응하는 법을 배우기 때문에 발달이 위축된다. 만일 그렇지 않다면 그들은 가족뿐 아니라 다른 사람들도 자신을 얕볼 것이라고 믿는다(Fossum & Mason, 1986).

수치심

죄책감은 개인이 도덕적인 규범을 위반한 것 때문에 고통을 겪고 참아내는 자기비난으로도 설명될 수 있는 반면, 수치심은 집단에 의해 멸시당하는 내적인 경험이다. Fossum과 Mason(1986)은 자부심과 같이 수치심은 개인의 실제적인 행동보다는 자아의 공적인 이미지와 관련된다고 설명한다. 수치심과 자부심은 가족 상황에서 상호 관련이 있다. 자부심과 수치심은 개인이 자기다운 개성을 세우지 못하도록 한다. 즉, 연속선상에서 수치심이 극단적으로 많은 가족체계는 성숙한 자아의 발달을 가로막는 모호하고 왜곡된 경계에 대한 개인의 정의를 가족원과 공유하는데, 특히 희생양이 된 자녀의 경우 더더욱 그러하다.

희생양이 된 사람은 어린 왕자 대신 매를 맞아야 했던 소년에 비유될 수 있다. 사람들에게 그 어린 왕자는 어떠한 성격적 결함도 없는 사람이었다. 어린 왕자가 저지른 잘못으로 소년이 대신 벌을 받은 것은 왕자로 하여금 자신이 정말로 완전하지 않다는 것을 이해하고 왕자에 대한 국민의 환상을 깨트린 것에 수치심을 갖도록 하기 위함이었다. 왕자가 민감했다면 수치심을 느꼈을지 모르지만 그는 여전히 매 맞는 소년이 견뎌 낸 고통을 느끼진 못했다. 희생양을 만드는 가족에서 목표물이 되는 자녀는 수치심뿐만 아니라 고통도 떠안는다.

자아 구조

희생양이 된 사람들의 자아구조는 손상되기 쉽고 타인으로부터 동떨어진 것이기 쉽다. 그들은 계속해서 죄책감을 가져야만 하고 자신의 반응이 반복적으로 거부될 때는 자신의 감정과 감수성에 대해 부정적으로 반응하는 법을 배운다. 왜냐하면 더 많은 죄책감과 고통을 느끼도록 만드는 가족 사건들이 기다리고 있기 때문이다.

스물두 살 된 내담자인 진영은 언제나 수수하게 옷을 입었는데 헐렁한 바지와 가슴이 표나지 않는 블라우스로 자신의 성적 매력을 감소시켰다. 그녀는 머리를 짧게 자르고 화장도 전혀 하지 않았다. 한 마디로 그녀는 남자처럼 보였다. 그리고 자신의 여성스러움을 이야기한다는 것을 고통스러워했다. 그것은 아버지에게 받은 성적 학대의 결과였다. 그러나 아버지는 항상 그녀에게 그것은 그들만의 작은 비밀이라고 말하면서 자신의 학대 행동에 대해 딸이 책임을 느끼게 만들었다. 현 시점에서 그녀가 겪었던 고통과 죄책감은 그녀의 성격에서 어느 정도의 분열과 부정을 초래했음이 분명했다. 이 일로 그녀는 자동적으로 이성관계를 기피하게 되었다.

앞서 논의했듯이 자아는 서로의 대상관계에 대한 내적인 지각을 분리할 수 있으며 자기 안이나 자기를 넘어서 존재한다고 믿는 힘에

제3장 희생양이 된 사람의 성격

의해 자아가 분열되고 파편화되는 것을 경험할 수 있다. 방어적으로 말하자면 분열에는 수동적 방식의 분열과 능동적 방식의 분열이 있다. 대상과 자기의 능동적인 분열은 그것이 의식적이든 무의식적이든 의도적이라 할 수 있다. 반면에 수동적인 분열은 단지 압도적인 현실을 파편적으로 직면하는 경험을 통하여 일어난다고 볼 수 있다. 숨막힐 듯이 희생양이 된 사람은 자신이 무가치하다는 느낌에 계속해서 압도당할 때 더욱 더 수동적인 분열을 경험한다.

부정적인 신체상

앞서 언급한 바와 같이 희생양이 된 개인들이 고통을 겪는 또 다른 방식은 자신을 가장 부정적인 관점에서 바라보는 것이다. 이는 흔히 부정적인 신체상을 수반한다. 희생양이 된 동주는 약하고 온순하며 괴롭힘을 당해 온 열한 살 난 아이였다. 그는 치료 중에 자신은 말썽꾸러기일 뿐 아니라 못생기기까지 했다고 불쑥 말했다. 또한 식구들 모두가 얘기하듯 자기가 키도 작고 보잘것없으며 못생긴 코를 가졌다고 생각했다.

자신과 자신의 신체에 관하여 희생양이 된 사람들이 경험해 온 느낌의 일부는 누군가 그들을 만지려고 할 경우 경직되거나 만지지 말라고 말할 때 분명해진다.

승헌이는 학대받은 경험이 있는 아이였다. 한번은 운동장에서 그가 한 행동을 잘했다고 인정해 주기 위해 그의 어깨를 만졌다. 그러자 그의 행동이 돌변했다. 그는 화를 내며 나에게서 떨어지면서 다시는 어떤 이유에서든 자기를 만지지 말라고 말했다. 이 여덟 살 먹은 소년은 엄청나게 화를 냈으며 단순한 접촉에도 큰 고통을 느끼는 듯 보였다. 그는 자신을 '만질 수 없는' 사람으로 간주하는 것 같았다.

태우는 팔 년 동안 가정에서 희생양이 되어 왔다. 그는 주먹질과 발길질의 대상이 되었으며 사랑이나 인정을 받을 가치가 없는 아이라는 말을 수도 없이 반복해서 들었다. 그가 기억하는 모든 경험은 신체적·정신적 고통의 수난이었고, 자신을 아주 못생겼다고 생각하였다. 태우는 자신에 대해 어떠한 긍정적인 감정도 느끼지 않으려고 무장하고 있었다. 내가 그의 옷차림을 보고 "정말로 근사하다."라고 말했을 때 그는 마치 내가 자기를 고문이라도 하는 양 쳐다보곤 하였다. 태우는 자신이 어떠한 칭찬도 받아들일 수 없다고 생각할 정도로 자신을 평가절하하도록 배워 왔다.

앞서 설명했듯이 희생양이 된 사람은 다른 사람의 고통을 짊어지는 대단한 능력을 개발시킨다. 그러나 집중적인 치료의 도움으로 자신에 대한 긍정적인 태도를 발달시키며, 해결되지 못한 문제들을 가진 희생양을 만드는 사람과 함께 고통을 분담한다는 느낌을 발달시키기 시작한다.

분리와 개별화

수차례에 걸쳐 무자비하게 희생양이 된 사람은 자신을 원가족으로부터 분리하고 개별화하는 데 극도의 어려움을 겪는다. Edward와 Ruskin 그리고 Turrini(1981)가 말했듯이 분리-개별화는 두 가지 경로로 일어난다. 분리란 아이가 엄마와의 융합에서 떨어져 나오는 것을 말하며, 개별화란 개인이 성격적으로 독특한 자기만의 특성을 발달시키는 과정을 일컫는다. 분리-개별화의 하위단계에서의 타협, 곧 분화, 실전, 화해, 대상 항상성이 순조롭게 일어날 때 아이는 건강하게 자란다. 이때 아이는 객관적인 실재는 염두에 두지 않고 오로지 자신의 욕구와 욕망의 관점에서만 삶을 보려 하는 자폐증에서 벗어나 엄마와 자녀가 원만한 관계로 함께 살 때 맺는 상호 유익한 공생관계로 나아간다.

그러나 아이가 사랑받는 최적의 공생관계와 기본적인 신뢰감이 없다면 아이는 주 양육자인 엄마가 아닌 다른 사람들의 세계를 발견할 준비를 제대로 하지 못할 것이다(Edward, Ruskin and Turrini, 1981). 유익한 양육환경 속에서 자라지 못한 희생양이 된 내담자가 거부와 학대를 간파하고 그것에 적절하게 대처하기 위해서는 안전한 장소, 즉 절대적으로 안전하고 적합한 치료 분위기가 필요하다. 이에 대해서는 4장에서 좀 더 자세히 논의할 것이다.

4. 희생양이 된 사람의 자기주장 문제

어떤 부모들은 희생양이 된 자녀에게서 느껴지는 강점 때문에 그 아이를 부러워한다. 이러한 질투는 아이를 완벽한 사람으로 만들고 엄중하게 높은 기준에 도달하게끔 내몬다. 희생양이 된 사람은 어느 정도의 통제력과 힘을 가지고 있는 것으로 보이는데 실제로 본인은 그것을 느낄 수 없다. 그러므로 부모는 아이의 자기주장성이나 의존성과 관련하여 아이를 억누르는 데 시간을 보낸다. 계속해서 통제되고 의지를 가지면 안 되는 것처럼 느끼게 되면 아이는 그것이 사실인 양 믿기 시작하며 서서히 그러나 꾸준히 자신을 주장하려는 본능을 상실하게 된다. 이러한 소멸은 아이에게 강하게 노출되어 있는 지배적인 성인들에 의해 본능적인 욕구, 감정, 그리고 개인적인 민감성, 신체적 리듬이 평가절하될 때 일어난다(Perera, 1986). 더욱이 부모가 정한 매우 높은 기준들은 아이들이 맞춰 살기 불가능한 것들이며 따라서 아이는 자신이 무가치하고 무용지물 같다는 생각과 죄책감을 느끼게 된다. 희생양이 된 개인은 치료를 통해 자기주장의 힘을 개발하기 위해 열심히 노력해야만 한다.

욕구의 부정

희생양이 된 많은 자녀들은 자신의 욕구를 부정하도록 배운다. 그들은 또한 '아니오'라고 말하는 것이 부모의 분노를 불러일으킨다는 것을 배운다. 오렌지에 알레르기 반응을 보이던 한 아이가 있었다. 그는 부모로부터 오렌지를 먹도록 강요받았는데 안 먹겠다고 하면 버릇없는 아이, 입맛이 까다로운 아이라는 비난을 받았다. 결국 그는 자기보호적인 본능을 거스르고 부모 뜻에 따라 오렌지를 먹고는 탈이 났다. 부모가 그에게 정해 놓은 비현실적인 기준에 맞춰 살기 위해 아이는 부모가 주는 것은 뭐든지 먹어야만 했다. 결국 그 아이는 음식과 관련된 자신의 모든 고통을 비난과 자기혐오의 감정으로 바꾸었다.

공격성

희생양이 된 자녀는 자신이 직면하는 부모의 공격성을 이해하지 못하면서 자란다. 그들의 부모는 자아의 필수 기능인 자기주장과 공격성 간의 차이점을 이해하도록 도와주지 않는다. 자기주장과 공격성 모두가 아이에게는 실패감과 죄책감을 남기며 처벌을 초래한다. 이러한 아이들이 화를 내면 대부분 누구에게나 강박적이고 때로는 폭력적이며 폭발적인 형태를 띠게 된다. 희생양이 된 아이에게는 종종 다음과 같은 모습이 보인다.

치료를 받던 중 화가 난 열두 살의 만호는 사무실을 나가며 젊은 비서를 발로 찼다. 평상시 자신의 문제를 말하는 것조차 어려워하는 온순한 아이였기 때문에 그의 행동은 정말로 예상치 못한 일이었다. 만호는 후회와 죄책감으로 안절부절못했다. 그러나 갑작스럽고 계획하지 않았던 것이었기 때문에 그처럼 수용될 수 없는 행동에 대해 아무런 책임도 느끼지 않았다.

분열된 자아

앞서 언급했듯이 자아 강도가 단단히 손상된 아이는 종종 자아를 분열시키는 법을 배운다. 어떻게 해서 이런 일이 일어나는가? 경화의 사례를 보자.

경화는 함께 살던 삼촌에게 다섯 살 때부터 성적 학대를 받았다. 그녀의 아버지는 그 사실을 알고 있었지만 딸이 집안에서 겪을 수 있는 일이라고 생각했다. 어린 소녀였던 경화는 여러 차례에 걸쳐 자신의 몸에 온갖 기구를 밀어 넣는 경험을 했다. 아홉 살 때 경화의 처녀막은 찢어지게 되었으며 결국 그녀는 병원으로 이송되었다. 그러나 그 상처는 자해로 판명되었고 근친상간은 의심되지 않았다. 당시에는 근친상간에 대한 의혹이 많지 않았다.

이제 성인이 된 경화는 치료실을 찾아와 자신의 분노와 고통을 이겨내기 위해 노력하는 중이다. 그녀는 자신이 심리적 분열을 어떻게 다루었는지 설명했다. 경화는 삼촌이 자신을 침대로 데려갈 때 자기 자신을 분리시키는 법을 배웠다고 말했다. 그녀는 계단 아래에 자신을 남겨 두고 계단 위에 있는 침실로는 자신의 것이 아니라고 느꼈던 몸만 가지고 갔다고 말했다.

앞서 말했듯이 분열은 지각적·인지적·방어적 조작을 포함하는 기본적인 정신기제로 광범위하게 정의될 수 있다. 이것은 인간의 보편적인 경험으로 간주되며 결코 하나로 통합되지 않는 분리된 하위자아들 또는 분리된 성격 안에 존재하는 경험에서 출발한다. 분열된다는 경험은 억누를 수 있는 능력을 갖추지 못한 이상 성격에서 더 흔하다. 달리 말하면 정상적인 초자아의 유산과 정상적인 억압에 대한 수용능력을 통해 정상적인 오이디푸스 콤플렉스를 해결하지 못한 사람들은 분열을 더 많이 경험할 것이다. 오이디푸스 콤플렉스 해결의 결과로 정상적인 억압을 이룬 개인들은 무의식적인 분열을 경험할 것이며 의식적인 경험은 하지 않을 것이다. 정상적인 사람들 또한 분리될 수 있지만 그들의 분열 경험은 억압에 의해 완화된다(Grotstein, 1985).

감추기

희생양이 된 많은 사람들은 감추기를 이용하는 법을 배운다. 감추기는 분열된 충동이라고 할 수 있는 일련의 수동적 공격성의 왜곡이자 장치로 묘사될 수 있다. 하지만 그 표현은 간접적이며 보통 무의식적이다. 순진하게 적대적인 사람들은 결국 자기 자신에게 악의를 돌리는 냉정한 복수심으로 인해 괴로움을 겪는다. 그러나 그들은 일반화된 운명론적인 시각을 갖고서 자신을 희생양으로 만든 사람들에게 예속된다. 그런 사람들은 자신의 공격적인 충동을 분열시키지만 피해자인 자아에게 자기 파괴적으로 화살을 돌리며 자신의 전 생애를 통해 희생양을 만든 사람을 회유하는 데 전적으로 매달린다(Perera, 1986).

미끼 던지기

Perera는 미끼 던지기라는 용어를 다른 사람을 자극하기 위해 안전하게 위장된 개인의 분노의 표현이라고 정의하였다. 희생양이었던 한 젊은 여성은 "감정을 통제하고 있다는 것은 강한 것이고 우월해지는 것이다. 다른 사람들이 자제력을 잃으면 나는 그걸 지켜보면서 몰래 히죽거린다. 그것은 악역을 맡는다는 전략이다. 나는 의도적으로 악의를 갖지만 냉정하고 고상한 척하면서 다른 사람이 스스로를 억누르도록 만든다. 어느 누구도 내가 내 자신을 철저히 미워한다는 것을 알지 못한다."라고 말했다.

이 여성은 일반화된 운명론에서 빠져나와 이제껏 하지 못했던 자기주장을 즐기기 시작하는 중이었다. 그녀는 다른 사람에게 미끼를 던짐으로써 스스로를 더 좋게 느낄 수 있었다. 이전에는 할 수 없었던 다른 사람에게 화를 내는 일이 이런 사람에게는 의미가 있다. 자아가 완전히 손상된 것이 아니기 때문에 이러한 분노를 통해 희생양이 된 사람은 자기 자신을 방어하도록 허락을 받는 것이다(Perera, 1986).

냉정함

토템 기둥의 바닥에 있는 뭔가가 된 듯한 느낌을 다루는 또 하나의 방법은 자기주장적 형태의 하나인 냉정함을 유지하는 것이다. 희생양이 된 사람은 자신이 정당한 대접을 받고 있지 못하다고 느낄 때 자신이 접촉하는 모든 사람들에게 아주 냉정해짐으로써 복수를 한다. 희생양이 된 사람은 냉정해짐으로써 다른 사람이 반응할 때 일어날 수 있는 보복으로부터 자신을 보호할 수 있다(Perera, 1986).

고통을 참는 어려움은 개인이 자신을 위해 만든 가면 속에 나타난다. 흔히 피해자는 무력한 분노로 괴로움을 겪는데 이것은 결국 적대감을 낳고 다른 사람들을 교묘하게 훼방 놓는다.

자기처벌적인 주장

그런 사람들은 종종 스스로를 '불쌍한 사람'으로 보며 자신에게 상처를 주거나 벌을 준다. 그 이면에는 스스로 자신에게 심하게 상처주거나 처벌을 가하면 다른 사람들이 자신에게 잘해 줄 것이라는 희망이 있다.

열여섯 살인 준수는 외출할 때마다 상처를 입고 돌아왔다. 다른 사람들이 자신을 때리도록 내버려 둠으로써 그에게는 자학적이라는 낙인이 찍혔다. 그는 다쳤다는 사실이 다른 사람 특히 성인 보호자의 동정심과 보살핌을 이끌어 내길 바랐다. 희생양이 된 사람들 가운데는 자기 자신과 희생양을 만든 사람 사이의 분리가 결여되어 있는 경우가 많다. 그들은 희생양을 만드는 사람들과 지나치게 융합되어 있으며 희생양과 희생양을 만드는 사람 사이에는 거의 마법과도 같이 신기한 의식 수준이 존재한다. 희생양을 만드는 사람들은 매우 강력하기 때문에 희생양이 된 사람들의 의식은 좀처럼 신체적 자아 수준 밖으로 나타나지 않는다(Perera, 1986).

자기파괴와 악의에 찬 주장을 함께 갖고 있는 내담자와 자기방어의 본능을 잃어버린 내담자의 경우 치료 초기에 가학적이거나 처벌적인 부모를 객관적으로 보게 하는 것이 중요하다. 그렇지 않으면 내담자는 자기처벌적인 자기주장 행동을 발달시킬 것이다. 그로 인한 결과는 충동적이고 자기처벌적인 행위의 행태로 내담자의 신체에 가해지는 자학적인 행동이다(Perera, 1986).

자기처벌적인 주장의 두 번째 근원은 자기보호적 습관이다. 아이들은 악의적으로 구는 것을 통해 생존하는 법을 배우게 된다. 이 경우 거부하는 사람과 자아 모두를 향한 공격성이 나타난다. 그들에게는 증오에 찬 악의와 함께 강렬한 생존의 욕구가 있다. 이러한 아이들이 느끼는 악의는 소외감의 상처와 자신의 의존욕구를 충족시켜 줄 만한 사람이 부족하다는 것을 숨기고 있다. 이런 식으로 희생양이 된 아이들은 참기 힘든 고통스럽고 불쾌한 반응과 반발을 표현하기를 거부한다.

아이가 사탕에 집착하는 경우 사탕이 손에 닿는 거리에 있는데 먹지 못할 때는 고문이 된다. 아이는 자신이 달콤한 것을 먹을 자격이 없는 사람이라고 믿으며 자란다. 나중에는 먹지 못하게 하는 처벌적인 부모가 될 수 있다.

성공적인 치료를 위해서는 다양한 기법이 사용되어야 한다. 자기주장과 자존감 세우기는 이런 유형의 내담자가 기능하도록 하는 데 매우 중요하다. 치료 회기 중에 자기주장이나 자기주장적 행위를 말없이 강렬하게 시각화해 보는 것도 유용하다. 중요한 치료과업 중의 하나는 이들로 하여금 자기주장이 좋은 것이라는 점을 인식하게 하고 이러한 주장성을 계속해서 타당화하도록 하는 것이다.

5. 욕구, 욕망, 의존성

희생양이 된 일부 사람들에게 있어 개인적 욕구는 무시되고 가치 절하되며 억압된다. 이러한 사람들에게 자신을 위한 바람의 한 형태인 개방적 주장을 가르치는 것은 처음부터 거의 불가능하다. 왜냐하면 그들은 타인으로부터 요구를 받는 일과 욕구충족을 저해하고 금지하는 행동을 하는 데 익숙하기 때문이다. 이런 행동의 일부는 욕구 위장하기, 욕구 부정하기 등으로 나타난다. 가령 희생양이 된 사람이 욕구충족을 하는 방식 가운데 하나는 강박적으로 타인을 돌보는 것, 즉 투사를 통해 본능을 만족시키는 것이다.

충족되지 못한 욕구

욕구가 충족되지 않을 때 희생양이 된 사람은 자신을 그렇게 만든 분열되고 부정적인 충동과 부정적인 판단의 피해자가 되는 경향이 있다. 어떤 경우 희생양이 된 사람들은 가려지고 투사된 의존성을 경험한다. 흔히 이러한 의존성은 비밀스러운 분노와 원망을 수반하는 두려움의 증가와 결부된다. 희생양이 된 사람들에게 있어서 요구와 의존성은 보통 분리된다. 억압된 요구는 원초적이며 거만하고 욕심에 찬 태도로 "나는 내가 원하는 것을 원해."라고 말하며, 희생양이 된 사람은 가족의 짐을 대신 지는 사람이자 보호자 그리고 희생양 집단의 대표자가 된다는 점 때문에 세상이 자신에게 빚을 졌다는 숨겨진 가정으로서 기능한다.

그러한 사람들은 매우 요구적이다. 한 여성은 치료시간에 다음과 같이 말했다. "선생님은 나를 위해 그렇게 해야만 해요. 그렇게 하지 않으면 제가 제 자신에게 상처를 줄 거예요." 종종 개인의 정체감은 왕자와 거지에 자신을 동일시할 때 약화된다. 왕자가 되는 경우는 이제까지 가족의 바람을 그녀가 충족시킨 것이고 거지가 되는 경우는 자신의 바람을 자신이 충족시킬 수 있을지 알지 못하는 것이다. 이와 같은 상황에서 치료자는 돌보는 이의 역할을 잘해 내야 한다.

구체적 충족과 상징적 충족

때때로 의존성 욕구는 구체적 또는 상징적 충족을 요할 수 있다. 비록 내담자가 누군가 자신을 안아 주거나 입맞추거나 칭찬해 주기를 원할지라도, 그들은 오랫동안 다른 사람의 욕구만을 충족시켜 왔기 때문에 자기 자신의 욕구를 내 보이거나 말하는 것을 두려워한다. 치료자의 첫 번째 목표 중의 하나는 희생양이 된 사람들이 자신의 욕구와 소망을 부인하는 것을 치료하는 것이다.

치료과정의 어느 시점에서 희생양이 된 사람들은 치료자나 다른 사람에게 자신의 요구를 채워 달라고 주장할 수 있다. 보통 그러한 완고함은 자기주장적이 되는 능력을 발달시키려는 표현이다. 이러한 요구들을 다루기 위해서는 욕구를 추구하는 데 있어 자아가 능동적이며 책임감 있게 될 필요가 있다. 희생양이 된 사람을 치료하는 동안 치료자는 그러한 요구를 개인이 자신의 발달과 자신의 욕구충족을 향해 나아가는 긍정적인 신호로 간주해야 한다. 또한 치료자는 자신의 자아 강도를 발달시키려고 하는 사람의 요구를 인내심을 갖고 지켜 봐야 한다. 왜냐하면 희생양이 된 사람이 자기 단련을 통해 자신의 고삐 풀린 욕심과 분노를 충분히 자제할 수 있는 시기가 오기 때문이다.

때로 사람들은 훈육을 처벌과 수치심으로 연결하는 법을 배운다. 여기서 치료자는 내담자가 본능에 익숙해지고 구체적 욕구충족에서 상징적으로 욕구를 충족시킬 수 있게끔 바뀌도록 도와야만 한다. 치료자는 내담자가 자학적인 자기희생과 오만하고 충동적인 요구 간의 분리를 끝낼 수 있도록 도와주어야 한다.

작은 욕구에 대한 만족이라 하더라도 그것은 희생양이 된 사람에게는 흥분되는 경험이다. 왜냐하면 지금까지는 희생양 자신의 욕구가 타인의 욕구에 종속되어 왔기 때문이다. 사람은 주는 것과 받는 것 사이의 균형을 발달시켜야만 한다.

이는 쉽지 않은 일일 수 있다. 어떤 내담자는 자기증오로 가득 차서 자신의 욕구를 충족시켜야 할 때 노예상태와 비슷한 부채의식 때문에, 인생에서 어떠한 만족이나 즐거움을 받을 자격이 없는 사람으로 자신의 자아 이미지를 위협할 수 있다. 그러므로 그들은 자신이 수용될 자격이 없다고 생각하고, 설사 수용된다 해도 잠시뿐일 것이라는 두려움 때문에 인정받게 되는 순간마다 오래된 언쟁이나 비난에 의지한다(Perera, 1986). 그러한 내담자에게는 긍정적인 전이를 발달시켜 주는 것이 중요하다. 그렇게 함으로써 그들은 자신에게 주어지는 무조건적인 사랑을 받아들이고 그것을 오랜 기간에 걸쳐 자신의 성장과 발달을 돕는 데 이용할 수 있게 된다.

다음 장에서는 치유과정에 대해 좀 더 깊이 논의할 것이며, 희생양이 된 사람들의 가해자와 피해자 측면, 부정적인 자아상, 투사적 동일시와 반동일시, 정체감의 발달, 치료과정 등을 다룰 것이다.

04 치유의 과정

희생양이 된 사람들의 치유의 과정은 그들이 자신의 문제를 다루는 동안 무엇을 얼마나 경험했는가에 따라 달라진다. 치유의 과정은 기나긴 과정이다. 희생양은 그동안 익숙해진 평생 동안 그들이 해 온 역할에서 벗어나는 법을 배워야 한다. 구속에서 벗어나게 하는 목표에 도달하기 위해 치료자는 내담자의 발달 수준, 심리적 양상, 개방성, 내담자를 변화시키기 위한 구체적인 유형을 고려해야 한다. 치료를 통해 내담자가 가족이나 다른 사람, 사회와의 관련 속에서 자신을 발견하고 총체적인 인물로 자신의 타당성을 정립하는 과정, 즉 희생양이 지니고 있는 상반된 속성으로 피해자인 동시에 가해자인 것을 다루는 과정이 궁극적으로 이루어진다.

1. 자아의 해체

앞에서 논의한 바와 같이 희생양이 된 사람은 자신을 향한 타인의 비난을 감수하고 자기비난적이 되는 경향이 있다. 그 이유는 가족 상황에서 어딘가 자기 자신에게 잘못이 있는 것으로 느끼기 때문이다. 그러나 현실적 자아에 연결하는 법을 배우게 되면서 완벽주의적인 욕구와 모든 사람의 잘못을 떠안으려는 욕망에서 벗어나는 기반을 서서히 만들어 간다.

여기서 자아와 현실적 자아 간의 차이를 좀 더 자세히 살펴보고 다음으로 넘어가고자 한다. 자아는 지각적 · 인지적 · 적응적 · 보호적 · 실행적 · 통합적이라 할 수 있는 많은 기능을 수행한다. 자아의 지각적 기능은 자의식, 자아상, 신체상, 그리고 자아와 현실 검증에 관련된 타인의 인식에 기초한 자아의 지각을 포함한다. 현실적 자아는 자아 총합의 심리내적인 감각과 관련 감정에 대한 대상 표상을 통해 나타난다. '현실적'이란 말은 건강한 또는 정상적이란 말과 유사한 의미를 갖는다. 현실적 자아 표상에는 무의식적인 환상의 요소가 있다 해도 중요한 의식적 · 현실적 요소가 내포되어 있다. Masterson(1985)은 현실적 자아에는 현실에 대한 느낌뿐만 아니라 현실적 기능이 있음을 강조하였다. 그는 현실적 자아에 대해 논하면서 그의 자아정체감(Erikson, 1968)보다 정체감 개념에 대한 그의 개인적 · 정체적 측면을 기초로 현실적 자아에 대해 설명하고 있다. 그가 지적한 바와 같이 현실적 자아는 생애 초기 심리내적인 발달 단계에 등장하여 아동 전기와 청년기를 거치면서 성장해 나간다. 이후 성인기에 도달했을 때 현실적 자아는 반드시 현실적으로 표현되어야 한다.

그러나 심하게 희생양이 된 사람의 경우 이와 같은 성숙의 과정이 완성되지 않는다. 보통 현실적 자아는 고유의 발달과 역량을 포함하면서 자아의 평행적인 파트너로 존재한다. 즉, 하나의 마구 안에 있는 두 마리의 말처럼 자아와 현실적 자아는 서로 협력하면서 함께 발달하고 기능한다. 만일 자아가 자신의 발달에만 사로잡혀 있다면 현실적 자아도 마찬가지라고 할 수 있다. 현실적 자아가 억류되어 있지 않은데 자아가 묶여 있는 경우는 찾아볼 수 없다. 이러한 측면에서 현실적 자아는 자아의 표상적인 힘이라고 할 수 있다. 이와 유사하게 한 개인의 의지와 결단, 활성화와 개인적 소망의 만족을 다룸에 있어 자아는 현실적 자아를 집행하는 힘이다. 그러나 자아의 일차적인 기능은 내면의 심리적인 균형을 유지하는 것이다(Master son, 1985).

가해자와 피해자의 분열

치료자의 기본적인 역할은 희생양이 된 내담자가 현실을 다루고 극복해 나가도록 돕는 것이다. 내담자로 하여금 자아 분열감으로부터 총체적인 자아로 나아가도록 돕는 것이 치료의 목표다. 앞서 언급한 바와 같이 분열된 두 가지 측면은 가해자와 감춰진 피해자다. 자아의 반쪽인 가해자는 소외되어 있고 그림자를 가지고 있다. 감춰진 피해자는 자아의 일부로, 희생양이 된 사람으로 하여금 희생양 자신과 희생양을 만든 가족원에 대해 아물지 않은 상처와 비애를 느끼면서 추방을 경험하게 한다. 희생양이 된 사람은 인간으로서 자신의 기능에 대한 인식, 곧 인내하고 주장하며 열망하는 현실적 자아를 포함하는 총체성을 이루도록 도움을 받아야 한다.

치유의 첫 단계는 치료적 환경으로 특징지을 수 있는 비난하지 않는 분위기 속에서 이루어진다. 치료자는 내담자의 욕구에 민감해야 한다. 왜냐하면 내담자가 치유과정에서 보살핌을 받을 때 기꺼이 변화를 위한 위험을 감수하고 자기 삶의 다양한 가능성을 탐색해 보고자 하기 때문이다. 치료과정에서의 긍정적인 관계를 통해 내담자는, 치료자가 함께하는 편안하고 마음이 잘 맞으며 조건 없이 수용하는 환경에서 비난받는 일 없이 온갖 관심을 표출할 수 있다고 느끼게 된다. 치료자는 내담자로 하여금 그가 지니고 있는 인성의 다양한 측면을 나타내도록 돕는다. 분열된 측면들 간의 지속적인 의사소통을 통해 내담자는 부정적인 측면을 소유하고 긍정적인 측면을 인식하는 법을 배우게 된다. 치료자는 깊이 있는 이해, 수용, 객관성을 가짐으로써 희생양이 된 사람이 자신의 긍정적인 면을 받아들이고 마침내 그것을 자신을 위해 유익하게 사용하도록 도울 수 있다.

정우(5장 참조)는 난로에 데어 입술에 화상을 입은 자국이 있었는데, 치료자가 계속 지지해 주고 유머로 대하자 차츰 나아진 모습을 보였다. 정우는 잘 웃는 아이여서 치료자는 그에게 다가가기 위해 유머를 활용했다. 여느 때라면 이 아이의 웃음은 사람들 사이의 대화를 방해하고 분위기를 산만하게 하거나 해치는 원인이 되었겠지만, 치료과정에서 정우는 그 웃음을 다른 방식으로 사용하는 법을 배울 수 있었다. 정우는 태어나서 처음으로 자신의 유머가 가치 있는 것임을 발견했고 그것을 긍정적으로 활용하는 법을 알게 되었다. 정우의 성장을 격려한 또 다른 부분은 기타 연주였다. 정우는 자기 형 정수와 관계를 맺는 수단으로 기타 실력을 쌓고 싶어 했다. 집에서 나와 따로 살고 있는 정수는 정우의 바람을 지지해 주었다.

정우의 성장이 촉진되고 그의 에너지가 긍정적인 활동으로 흐를수록 그는 더 건설적이 되었고 반듯하게 행동했다. 치료자는 정우가 자신의 긍정적인 면을 볼 수 있도록 도와주었는데, 예전에 정우는 이를 인식조차 하지 못했지만 이제는 그것을 받아들이고 그와 더불어 살아가는 법을 서서히 배우고 있었다. 가정방문을 비롯해 극도로 고통스러운 과정을 겪으면서 정우는 자기 가족을 역기능적인 가족으로 보게 되었고, 자신이 그토록 자주 연루되었던 문제가 실은 부모들의 문제였다는 사실을 받아들이게 되었다. 특히 정우는 엄마에게도 한계가 있다는 것을 받아들이게 되었다. 정우는 엄마가 엄마 자신만의 심각한 문제를 가지고 있다는 것을 깨닫게 되자 엄마와 함께 살고 싶은 강렬한 소망을 포기했다. 정우는 자기정의와 관련된 그만의 경계를 만들고자 애를 많이 썼는데 그 가운데 일부는 성공을 거두었다.

경계

희생양이 된 사람은 현재와 과거, 원가족 안에서의 자신을 보는 것과 가족이 아닌 한 개인으로서 자기 자신을 보는 것 사이에 연결 고리를 만들어야 한다. 희생양이 된 사람은 가족의 바람과 요구에 대해 책임을 짐에도 불구하고 자기 자신을 나머지 가족들과 전혀 다른 존재, 즉 가족이 아닌 사람처럼 생각한다. 치유과정의 중요한 측면 가운데 하나는 가족이 아닌 개인으로서 자기 관점을 인정하는 것이다. 그렇게 되면 아동을 희생양으로 만드는 행위와 원가족 내에서 이루어지는 역동 간에 연결이 이루어진다.

내담자 자신의 문제와 가족이 부여한 문제를 연결하는 데에는 치료자와 내담자 간의 협력이 치료의 시작 단계에서 결정적인 요소로 작용한다. 내담자가 자기 가족을 있는 그대로 보도록 도와주는 시의적절한 시도가 있을 때 치료에 진전이 있게 된다. 희생양이 된 사람의 가족들은 보통 밀착된 경계를 드러낸다. 가족 간에 결속력이 매우 강한 것이 꼭 긍정적인 것만은 아니다. 가족 모두가 서로 맞물려 있으면 그 속에 자신만의 분리된 자아를 발달시키지 못하는 개인이 있게 된다. 부모의 자아정체감은 그들이 편하게 느끼는 경계의 유형을 결정하는 데 큰 영향을 미친다. 심하게 희생양이 된 아동의 가족을 보면 가족으로서의 정체감이 기능적인 것으로 결정화되지 못하고 이들 가족은 여러모로 고통을 겪고 있는 경우가 많다.

치료의 목적 가운데 하나는 희생양이 된 사람의 피해자적 자아를 지지하는 것이고 사사건건 트집을 잡는 소외된 가해자적 자아의 방어를 조심스러운 직면을 통해 해제하도록 하는 것이다. 보통 희생양이 된 내담자들은 매우 방어적이고 오랫동안 자신을 뒷받침해 온 방어를 떨쳐 버리는 것을 두려워한다. 그들이 가지고 있는 유일한 의식적인 정체감도 순전히 자기방어와 직결된 경우가 흔하다. 한번은 열 살 된 꼬마 아이가 불쑥 "저는 병약하고 가난한 정신 나간 사생아예요."라고 말한 적이 있었다. 이 아이는 당뇨를 앓고 있었고 보호자인 할아버지는 복지시설에 수용되어 있었다. 이 아이는 사생아였으며 심하게 희생양이 된 경우였다. 이 아이의 말은 그의 자아상을 분명하게 반영한다. 그러나 내담자가 자신의 정서를 민감하게 다루는 능력을 갖게 되면 이처럼 불합리한 방어적인 정서는 봉쇄된다. 이렇듯 견고한 방어가 허물어질 때 내담자는 어렵사리 자부심을 느끼기 시작한다.

외로움

이제 막 자신의 방어를 벗어던지기 시작한 내담자는 서로 협력할 수 있게 되기 전에 종종 무감각한 우울감을 겪는다. 수면장애, 식욕장애, 성욕감퇴, 일상생활에 대한 흥미상실, 자기비난, 죽음과 자살에 대한 생각, 미묘한 신체적 불균형 등의 증상이 나타난다. 이런 증상을 겪고 있는 많은 내담자들은 혼란과 극심한 고독으로 보이는 무기력한 절망감, 곧 희망의 상실로 인해 고통을 겪고 있음을 스스로 시인할 것이다(Doherty & Baird, 1983). 절망에 가까운 이 외로움은 가족이 같이 살고 있고 도와줄 수 있어도 누군가 중요한 사람이 사라진 듯한 버림받은 느낌에 견줄 만하다. 외로운 사람은 때때로 가족의 이방인으로 여겨진다.

외로움을 연장시키는 요인을 최소한 세 가지를 들 수 있다. 그것은 해결되지 않은 슬픔, 병리적인 확신, 부모의 포기이다(Large, 1989). 희생양이 느끼는 해결되지 않은 슬픔은 가족 안에서 지속되며 이러한 경우 상실감이 공허감, 분노와 합쳐진다. 용서가 없고 냉혹하다시피 한 병리적인 확신은 부모의 신념에 기초한 부정적인 자아상으로 자녀를 짓누른다. 예컨대 가족들로부터 계속해서 검은 양으로 불려 왔고 자신에게는 좋은 점이 하나도 없다는 얘기를 들어온 한 소년은 아무런 의심 없이 그런 말들을 믿을 수 있다. 가족 포기 현상이 나타날 때 부모는 미성숙하게 부모의 역할을 포기하는데 이는 희생양이 된 자녀의 가족에게서 나타나는 일반적인 양상이다. 이렇게 되면 다음 세대의 누군가가 외로움을 느끼게 된다(Large, 1989).

공포, 분노, 고통

희생양이 된 사람은 외로움과 함께 공포와 분노로 인한 고통도 겪는다. 내담자는 치료과정을 통해 언제든지 치료자로부터 정서적이고 실질적인 지원을 받을 수 있다고 확신해야 한다. Laing(1965)은 어린 시절에 형성된 '내면화된' 가족을 일러 개별적인 요인과 일련의 요인군 간의 관계와 작용이 구체화된 것이라고 주장한다. 여기서 요인은 투사된 대상일 수도 있고 외부의 대상일 수도 있다. 가족은 대상들 간의 관계를 비난하는 데 습관적으로 쓰이는 패턴을 제공한다. 보통 이 패턴은 우리의 현실 이미지를 형성하는데 Laing은 이를 가리켜 '가족 지도' 라고 했다. 개인은 이 지도를 가족에게 투사하고 다른 상황에도 적용한다. 그것은 투사된 대상들의 단순한 집합이 아니고 실제로 상연될 시공의 순서로 짜인 원본과 패턴을 이루는 매트릭스에 가깝다.

이로써 그와 같은 내담자를 다루는 데 치료자의 노력과 인내가 얼마나 필요한지를 잘 알 수 있다. 내담자들은 여전히 자기파괴적이기 때문에 기존의 사고방식과 행동 패턴에서 벗어날 필요가 있다. 그들은 자신의 고통과 그들이 감내하도록 배워 온 타인의 고통을 분별하는 법을 천천히 그리고 꾸준히 배우게 된다. 상처가 치유되기 시작할 때 숨겨져 있거나 손상되었던 자아가 발달하기 시작한다. 그들은 객관적으로 보거나 객관적으로 보이는 법을 서서히 배우게 된다. 또한 희생양이 된 사람은 낙인을 찍히거나 스스로 낙인 찍지 않고서도 욕망이나 행위, 고통을 경험할 수 있다는 것을 알게 된다. 보통 그와 같은 수용과 객관성은 그 자체가 심리적으로 자양분이 풍부하여 성장 중에 있는 자아가 좌절을 견디고 자기주장을 하며 의존성과 독립성을 함께 수용하는 것을 배울 수 있게 하는 온전한 보호막 구실을 한다. 한 내담자는 다음과 같이 밝히고 있다.

제4장 치유의 과정

"제가 저 자신을 나쁜 사람, 잘못을 저지른 사람이 아닌 장점과 강점을 지닌 총체적인 한 사람의 인간으로 보고 나서야 비로소 선생님이 저를 좋아하신다는 확신을 갖게 되었어요. 저는 저 자신에 대해 총체적이고 완전하게 느껴요. 이제는 저의 못난 부분이 제가 가지고 있는 여러 가지 부분 중 하나라는 것을 깨달았어요. 선생님은 제가 가진 모든 부분을 보셨잖아요. 마침내 저는 저 자신을 좋아하게 되었어요."

이리하여 그는 객관적이고 보호적이며 자기를 존중해 주는 편이 자기 안에 있다는 것을 서서히 깨닫게 된다. 이와 같이 치유의 과정은 더디게 이루어지고 힘들게 진행된다.

2. 부정적 자아상

자기혐오와 죄책감

자녀에게 공허감을 갖게 하는 부모나 양육자를 이상화하는 것은 자녀로 하여금 긍정적인 자아정체감을 상실하게 하는 것이다. 성장하는 과정에서 아이들은 정서적 환경의 통합적인 부분이라 할 수 있는 부정적인 사고, 감정, 태도 체계를 접하게 된다. 심하게 희생양이 된 사람들을 보면 어른이 된 후에 자기혐오를 배운 것이 아니고 어려서부터 자기혐오를 키워 왔음을 알 수 있다. 이런 아이들은 치료 과정에서 때때로 자기혐오와 자기부정 및 자기파괴 경향에 매달리는 강력하고 완고해 보이는 욕구를 나타내고 자신의 부정적인 이미지를 바꾸는 것을 완강하게 거부한다. 도대체 무엇 때문에 그러는 것일까? 부정적인 이미지를 유지함으로써 다른 사람의 거부를 예측할 수 있고 보다 깊은 수준에서 자신은 사랑받을 수 없는 존재로 생각하는 환상에 빠지지 않게 자신을 보호할 수 있기 때문이다. 거부에 대한 환상, 즉 다른 사람으로부터 거부될 것이라는 생각은 가까운 인간관계에 대한 보호막 구실을 한다. 그들은 지금 당장 상처를 입게 되거나 앞으로도 계속해서 상처를 입게 될 여지를 만들고 싶지 않은 것이다. 그런 측면에서 보면 무가치함에 매달리는 것이 더 쉬울 수 있다.

유감스럽게도 부정적인 자아상은, 부모의 부정적인 이미지를 수용하는 사람에 대해 부모나 양육자가 갖는 정의와 일치한다. 희생양이 된 사람들이 변하려면 불안과 고통을 유발하는 부정적인 자아상과 자기평가를 극복해 나가야만 한다. 이 목표는 강력하고 전지전능한 부모의 이미지를 통해 획득된 것으로 희생양이 된 아동의 자아를 만족시키는 과정을 방해하는 가족의 강압적인 유대를 깨뜨려야 함을 의미한다. 그러나 이는 자녀가 부모로부터 자신을 분리할 수 없는 경우에 매우 어려워진다. 심하게 희생양이 된 아동의 부모는 어떤 면으로든 번번이 유아적인 특성을 보이는데 그것이 곧 그들이 자기 자녀를 희생양으로 만드는 이유이다.

불안

치료를 받는 동안 내담자는 엄청난 불안에 직면해야 한다. 그렇지 않으면 치유의 변화가 일어날 수 없다. Goodwin(1987)은 불안을 정의할 수 없는 위험, 또는 설사 정의할 수 있다 하더라도 그 정서적 강도를 정당화할 만큼 충분히 위협적이지 않은 정도의 위험이 존재하는 정서로 정의하였다. 아직까지도 스트레스의 진짜 원인은 밝혀지지 않았다. Goodwin이 말한 바와 같이 불안은 마치 가려운 곳이 등 한 가운데 있어서 가려워도 긁을 수 없는 것과 같이 정확한 원인을 찾아내기 어렵다.

불안은 공포와 구별된다. 공포는 알려진 위험의 출현에 대한 반응이다. 공포의 강도는 위험의 정도에 비례한다. 공포는 유용한 감정이라 할 수 있는데 그 이유는 공포로 인해 위험으로부터 벗어날 수 있기 때문이다. 반면 불안을 느끼는 사람들은 개, 고양이, 뱀, 또는 직장 상사의 징계 등 자신이 무엇을 두려워하는지 알고 있다고 생각할지라도 스트레스의 진짜 출처는 알지 못한다. 심지어는 자신이 느끼는 불안이 위협에 비례하지 않는다고 인식할 수도 있다.

그러나 불안이 모두 나쁜 것은 아니다. 경우에 따라 어느 정도의 불안은 우리 삶에 묘미를 더하고, 우리로 하여금 긴장감을 갖고 주의를 기울이게 함으로써 도움이 될 수도 있다. 불안은 성격을 형성하고 창의성을 강화하며 인생의 가능성에 대한 인식을 증폭시킬 수 있다. 이와 같은 불안을 일컬어 정상적인 불안이라 한다. 심하게 희생양이 된 사람들이 느끼는 불안은 비정상적으로 심각하고 불확실하며 무기력한 특징을 지닌다. 이들은 "내가 치료받는 걸 부모님이 허락하실까?", "부모님이 가족 상담을 받으러 오실까?"와 같은 의문으로 매우 괴로워하기 쉽다. 또한 해결되지 못한 고질적인 삶의 갈등들도 개인이 느끼는 불안의 상당 부분을 차지한다.

자아정체감

희생양이 된 내담자들은 불안에 직면하는 것 말고도 오랫동안 익숙해져 온 자신의 자아정체감을 바꾸도록 해야 한다. 이들은 현실에 대한 과거의 개념과 새로운 개념 간의 모순으로 인해 종종 일시적으로 불안정한 정체감 상태에 놓이기도 한다. 그들은 평생을 통해 사랑받지 못하는 존재로 자아를 규정해 왔는데, 이와 같은 생각은 비록 고통스러울지라도 이들에게 자아정체감을 제공하는 구실을 해 왔다. 내담자의 자아개념에 긍정적인 변화를 유도하기 위해 많은 일들이 일어나야 하지만 그들은 세습된 유산과도 같은 불안으로 인해 이를 격렬하게 회피한다(Firestone, 1985).

열두 살 난 민석이는 종종 학교에서 다른 아이들과 싸움을 했다. 민석이는 집에서도 계속 학대를 받아 왔고, 가족이 지니고 있는 모든 문제의 총알받이 역할을 감수해 왔다. 그러나 적극적인 치료를 통해 학업능력이나 축구기술과 같이 자신에게도 높이 평가받을 수 있는 자질이 있다는 것을 알게 되었다. 그러나 민석이는 이와 같은 자신의 강점을 습관적으로 무시해 왔다. 아마도 자기도 모르게 자신의 강점을 희생양의 역할에서 벗어나는 방법으로 보았을 수도 있다. 민석이는 새롭게 이룬 긍정적인 자아상을 파괴하는 온갖 행동을 저질렀다. 그가 '나쁜 아이'답게 행동할 때 가족들에 의해 더 쉽게 받아들여졌기 때문이다. 비록 가족들은 민석이의 행동을 그 아이의 문제로만 보고 가족치료를 받는 것을 매우 내켜 하지 않았지만 치료 과정에 가족을 포함시킬 필요가 있었다.

민석이와 같은 아이는 내부의 부정적인 사고 과정, 또는 Firestone이 '내면의 목소리'로 일컬은 바 있는 내적 대화에 의해 통제되는 무가치감, 자기비난적 사고, 매우 변덕스러운 기분의 동요를 보인다.

내면의 목소리는 말로 표출되든 그렇지 않든 자녀에 대한 부모의 거부적인 태도가 투사된 것으로 볼 수 있다. Firestone은 '내면의 목소리'는 사람마다 그 정도가 다르다고 설명하고 있다. 내면의 목소리는 애초에 부모나 양육자가 아동에 대해 가지고 있는 억압된 적대감에서 비롯된 외부의 견해를 나타낸다. 희생양이 된 사람들의 내면의 목소리는 크고 대답을 들을 수 없으며 늘 부정적이다. 이들은 자기 자신에게 "이 바보야, 왜 그랬어?"와 같이 말하면서 자기징계와 죄책감, 자기왜곡으로 괴로워한다. 그들은 자신이 처한 삶의 상황이나 문제와 관련지어 자신을 못살게 군다. 그들이 지니고 있는 자기비판적인 사고는 그동안 부모로부터 들어왔던 것, 즉 자신이 사랑받을 수 없고 무가치하며 나쁜 사람이라는 것을 자신에게 되풀이해서 말해 준다. 따라서 이것은 '나쁜 아이'의 이미지를 계속 유지시킨다. 내담자는 자기 부모를 거부적이거나 부적합한 존재로 인식하기보다는 이런 메시지를 액면 그대로 믿게 되고 자신을 사랑받지 못하는 사람으로 간주한다.

5장에 나오는 현호 가족의 경우를 통해서도 살펴보겠지만, 현호의 엄마는 어머니로서 부적합한 사람이었다. 현호는 자기를 안아 주려고도 하지 않는 엄마의 행동을 놓고 처음에는 엄마가 자신을 거부하는 것으로 해석했다. 그러나 치료를 받으면서 현호는 그것이 엄마의 문제이며 엄마가 파괴적인 권리행사의 피해자였다는 것을 이해하게 되었다. 많은 경우에 있어 희생양이 자신을 위해 만드는 내적인 환경은, 희생양의 부정적인 자아상이 유지되고 희생양에 대한 부모의 잘못된 인식이 강화되는 방식으로 현실을 해석함으로써 방어적인 과정을 조장하고 유지하는 구실을 한다.

부모의 부정적인 태도

부모가 자녀의 외모나 행동방식을 꾸짖고, 비웃고, 얕보고, 비난하고, 처벌할 때 자녀는 그와 같은 태도를 내면화하게 된다. 이는 곧 다른 행동 영역으로까지 옮겨 가게 된다. 자녀는 모든 영역에서 자기 공격적으로 변하기 시작하고 그로 인해 자신에 대해 총체적으로 부정적인 태도를 발달시키게 된다. 이처럼 일반화된 자기 공격은 보통 흥분, 성마름, 가벼운 우울증을 동반한다. 희생양이 된 사람들 가운데 많은 이들이 자신에 대한 오해와 부정적인 태도체계를 가지고 있다. 내면의 목소리는 자기파괴 과정의 일부로서 긍정적인 가치체계를 표현하는 기능을 하지 않고 언제나 자기공격과 징계를 조장한다.

부모의 부정적인 태도를 내면화하는 것은 자녀가 자신만의 내적 기준을 점진적으로 발달시키는 것을 가로막고 그로 인해 외부의 가치체계를 채택할 수밖에 없도록 만든다. 그들은 외부의 가치체계에 동조하도록 배운다. 처음에는 아이로, 나중에는 어른이 되어서도 자타에 대해 동정적인 태도를 반영하기보다 권위자의 처벌을 회피하고자 하는 동기에 따라 행동한다(Firestone, 1985). 자기부정을 부추기는 내면의 목소리를 들으며 성장한 사람들은 자기희생적일 뿐 아니라 자기파괴적이기도 하다.

자아의 부정적인 태도는 어떻게 시작되는 것일까? 볼품없고 매력 없는 아이라는 소리를 거듭 들어 온 아이가 있다고 해보자. 다른 사람들이 보기에는 얼마든지 이 아이가 매력적일 수 있고 심지어 잘생긴 경우로 생각될 수도 있지만 가족과 아동 모두 이와 같은 사실을 간과한다. 이 아이는 보통 옷과 머리 모양에 대해 신경을 쓰기는 하지만 자신이 못생겼다는 것을 기정사실로 받아들이면서 외모를 가꾸는 일은 일절 하지 않는다.

희생양이 된 사람들 가운데 많은 사람들이 자기공격 속에 살고 있고, 결국에는 자신의 부정적인 특성이 자기만의 인생 스타일과 접근 방식의 주요 부분이 되도록 한다. 이러한 방식으로 아동은 자신에 대한 어른들의 왜곡된 정의를 병합하고 이후 자신을 부정적으로 유형화하는 데 그와 같은 왜곡된 정의를 사용한다.

언젠가 한 기관에서 말썽을 부리는 아이들을 상담한 적이 있었다.

그때 한 아이가 내 사무실을 향해 달음질쳐 오더니 돌진하듯이 문을 열어젖히며 소리를 질렀다. "선생님이 바로 새 상담 선생님이죠!"라고 소리를 질렀다. 그리고 다른 말은 하지 않고 문을 쾅 하고 닫았다. 이런 행동이 세 번이나 반복되자 나는 아이를 불러 이야기를 하기로 했다. 다시 돌아오도록 설득하는 데만도 꽤 애를 써야 했는데 내 앞에서 달아날 태세를 하고 있는 그를 보고 나는 이렇게 물어보았다. "왜 그렇게 문을 쾅 하고 닫니?" 내가 유감스럽게 생각하는 것에 그는 웃음을 터뜨렸다. "잘 모르시는군요." 그 아이는 나를 향해 비웃더니, "원래 남자애들은 미친 놈들이잖아요. 다른 선생님들은 다들 잘 알던데!"라고 말했다. 회오리와도 같은 부정적인 태도가 이들의 삶 속에 확산되기까지는 아마도 이들의 나쁜 행동을 대수롭지 않게 받아들여 온 사람들의 반응이 일조를 해 왔을 수 있다.

부정적인 자아상의 기원

아동의 부정적인 자아상은 어려서부터 시작된 것으로 그들이 가족 안에서 정서적 박탈감을 겪어 온 결과이다. 아동에 대한 부모의 공공연한 또는 은근한 거부는 자녀의 자아존중감에 영향을 미친다. 아동이 성장해 갈수록 자기혐오의 감정과 우울의 상태가 증폭되지만, 이는 기본적으로 아동이 방어기제로 진입할 때마다 그의 활력과 자발성을 파괴하고자 한 부모나 양육자의 깊이 억압된 욕망의 결과라고 할 수 있다. 이런 적대적 소망과 파괴적 충동은 부적절한 부모 역할이나 애정결핍보다도 아동의 자아개념에 더 큰 영향을 미칠 수 있다. 그에 대한 반응으로 아동은 자기파괴적인 방향으로 나아가게 된다.

부모 자신이 방어적이고 정서적으로 메말랐으며 자녀를 부드럽게 대함으로써 지금과 같은 차단된 상태에서 깨어나는 것을 원치 않기 때문에, 아이들의 입을 막거나 아이들의 감정을 억누르고자 하는 욕망이 무의식적으로 일어난다(Firestone, 1985). 부모는 자신의 억압된 고통이 표면으로 부상하는 것을 막으려고 애쓴다. 아동의 자발적인 감정은 사회적으로 용인된 감정에 의해 억제되거나 대체되며 부모의 방어는 아동이 원치 않는 억압된 감정의 자극을 표현하는 것을 가로막는다. 부모가 보다 방어적이고 자녀에 대한 방어체계가 더 굳건할수록 사실 무고한 침입자라 할 수 있는 아동을 향한 적대감은 더 커진다. 아동은 부모가 화내는 것을 알아차리게 되고 이것이 자기혐오의 형태로 자아에 대항하도록 전환되면서 부모의 부정적인 태도를 내면화한다. 희생양이 된 아이들의 많은 경우는 보통 자신을 나쁜 사람으로 생각하고, 부모가 자신을 처벌하게끔 하는 방식으로 모든 것을 내면화해 왔다. Firestone(1985)은 아동이 느끼는 고통이나 모욕, 공포 역시 억압되고, 실제로 일어난 것이든 아니면 상상에 의한 것이든 잘못을 저지른 것으로 인해 그들의 감정이 비난을 받게 된다고 지적하였다.

이와 유사하게 이 아이들은 부모를 향해 품고 있는 분노를 표현하지 않는다. 분노는 실제로 일어난 잘못이나 추측에 의한 잘못으로 인해 유발된 강한 불만과 호전성으로 정의될 수 있다. 나아가 이는 보복하고 싶은 욕망을 수반하는 격렬하고도 갑작스러운 불쾌감으로 묘사될 수 있다(Webster, 1989). 그러나 아이들은 부모에게 앙갚음하는 것을 두려워하기 때문에 그들의 분노는 자기혐오나 우울이 되어 자신을 향하게 된다.

이와 같은 자기 파괴적인 힘에 대항하는 싸움은 매우 고통스러운 일이다. 희생양이 된 아이들은 보통 자아존중감이 낮기 때문에 자신에 대해 긍정적이고 현실적인 목소리에 대답할 수 없다.

부모의 부정적인 특성

부모의 부정적인 자질은 자녀들로 하여금 죄책감과 자기혐오를 느끼게 함으로써 아동이 부정적인 자아개념을 형성하도록 기여할 수 있다. 자신이 부모로서 바람직하지 못한 특성을 지니고 있음을 부정하는 많은 부모들이 그와 같은 특성을 자녀에게 투사하고, 상상이든 실제든 자녀가 그러한 자질을 지니고 있다는 이유로 아이를 벌한다. 이런 아이들은 부모 자신이 증오하는 자질을 받아내는 폐기물 하치장처럼 된다. 그들은 부모의 눈을 통해 자신을 바라보고 자신의 행동을 전적으로 정당하다고 보게 된다.

희지는 다섯 살 때부터 부모, 특히 아버지로부터 공공연하게 학대를 받아 왔다. 심지어는 아버지가 자기를 때리고 싶어 하는 순간을 감지할 수 있을 정도였다. 사소한 이유로 또는 아무런 이유도 없이, 보통 직장 문제나 가족 내 긴장을 넘기는 수단으로 수도 없이 학대가 일어났다. 아버지는 무슨 일이든 희지를 탓했다. 집안에서 무슨 일이 잘못되었든, 누가 어떤 잘못을 했든 희지가 벌을 받았다. 희지는 자신을 나쁜 아이로 내면화하게 되었다. 열여섯에 아기 엄마가 된 희지는 "내 말을 듣지 않는다"라고 하면서 한 살 난 아들을 학대하기 시작했다. 희지는 자기 부모의 행동을 똑같이 되풀이했고, 치료 중에 "아무도 내가 나아지길 바라지 않았어요."라는 통찰력 있는 말을 하면서 자신의 행동을 정당화하였다.

많은 아이들이 불안에서 벗어나 일종의 안전감을 얻기 위해 처벌적인 부모의 특성을 본받는다. 인간은 과거 어린 시절에 그들이 가장 증오하고 두려워했던 부모의 이미지를 자기 안에 고스란히 통합할 수 있다(Firestone, 1985).

열여섯 살 난 유선이는 통제불능으로 언제나 신경질적이었다. 벌써 두 번이나 임신을 했다. 피임에 대해 알고 있었고 피임약이 있었음에도 불구하고 규칙적으로 제때 사용하는 것을 거부했다. 치료자가 반복해서 유선이로 하여금 문제에 직면하도록 하자, 유선이는 자기 엄마도 똑같이 행동했었는데 자기가 무엇을 잘못했는지 모르겠다고 대꾸했다. 그리고 나서는 한 5분 가량 온갖 신경질을 부렸다. 유선이의 성마름은 세 명의 사생아를 낳아 기르면서 아이들 중 하나가 자신을 짜증나게 하면 번번이 자제력을 잃고 발끈했던 엄마의 행동을 떠올리게 했다.

사람들은 부정적인 자아개념을 내면화함으로써 그것을 영속시키는 방식으로 행동하는 경향이 있다.

스물여덟 살의 상미는 거의 쓰지도 않는 옷과 화장품을 사는 데 시간을 다 허비하곤 했다. 어려서부터 집안의 희생양이 되어 온 상미는 엄청난 분노를 품게 되었으며 이는 흥청망청 쇼핑을 해대는 것으로 표출되었다. 사들인 물건을 쌓아 놓을 자리도 없었건만 상미는 여전히 더 많은 옷을 사고 싶은 욕구를 느꼈다. 또한 옷값을 지불하는 데 몇 달이 걸릴 정도로 경제적인 곤란을 겪고 있었음에도 불구하고 좀처럼 소비를 자제하려고 하지 않았다. 부모와 함께 살았을 때 그랬던 것처럼 자신의 나쁜 습관으로 인해 계속해서 문제에 휘말리게 될 것이 불 보듯 뻔했다.

상미는 학대를 받아 온 경험과 희생양 역할을 해 온 것에 대한 분노가 전면으로 떠오를 때까지 자신의 다른 문제를 헤쳐 나갈 준비가 되어 있지 않았던 것이다.

부정적인 자아상을 바꾸는 데 따르는 저항

희생양이 된 사람들은 자신에 대한 부정적인 이미지를 살펴보도록 도전을 받아야 한다. 내담자가 자기 안의 자기공격을 파악하기 시작하면 자신의 행동을 수용할 수 있게 된다. 그가 희생양의 역할에서 벗어나기 시작하고 그러한 성장을 긍정적으로 바라볼 때 치료가 시작된다.

이때는 또한 내면화된 부모로부터 자녀가 분리되기 시작하는 시점이기도 하다. 내담자는 자기 안에 내재된 부모의 자질을 버려야 하고 부모의 특성을 올바로 인지해야 한다. 이 단계에서 내담자는 엄청난 고통과 죄책감을 느낄 수 있고 따라서 치료 과정 중 어떤 결정적인 시점에 이르렀을 때 저항이 촉발될 수 있다. 부정적인 이미지를 수용하고 뭔지 모를 공포를 느끼면서 내담자는 자신의 역할상을 바꾸는 데 극도로 완고하고 저항적이 될 수 있다. 개인의 부정적인 자아상과 자기혐오에 대해 도전하는 것은 내담자로 하여금 긴장과 불안에 대처하도록 도울 수 있다.

혁준이는 툭하면 말썽을 부렸다. 그는 세 살이 될 때까지 매를 맞고 굶주렸으며 침대에 묶여 지냈다. 배가 고파 울면 문제아로 불리곤 했다. 여덟 살이 되던 해에 친부모로부터 버려져 몇몇 가정에 위탁되었지만, 그곳에서도 잘 지내지 못했고 그중 두 집에서는 성폭행을 포함한 학대를 받았다. 열네 살 때 혁준이는 말썽을 일으키는 요령을 터득했다. 친구들에게 언어폭력을 행사하였고 그 결과 신체적인 공격을 받

있었다. 다른 사내아이들에게 구타를 당해 얼굴과 목, 팔에 멍이 없는 날이 없었다. 혁준이는 자신을 쓸모없고 무가치한 사람으로 보았다. 내면 깊은 곳 어딘가로부터 자신이 이 모든 학대를 받아 마땅하다는 느낌을 갖게 되었다. 비록 자신을 버린 사람은 엄마였지만 혁준이는 죄책감을 느꼈고 심지어는 여덟 살에 불과했지만 자신이 엄마를 더 열심히 도와드렸어야 했다고 생각했다.

치료 시간에 혁준이는 나를 놀리기도 하고 제 비위를 맞추도록 건방지게 행동하는 등 나를 자극하려고 무척 애를 썼다. 치료하는 내내 나는 인내심을 가지고 그에게 단호한 태도를 취했다. 하루는 혁준이가 욕을 했다는 이유로 다른 아이들로부터 공격을 받는 일이 발생했다. 나는 그 일을 목격했고 혁준이가 욕을 하지 않았다는 것을 알았다. 그런데도 혁준이는 순식간에 희생양의 역할로 전락하여 다른 아이들이 밀고 때리도록 내버려 두었다. 나는 분노와 좌절을 느끼며 아이들 사이로 끼어들어 혁준이를 괴롭히는 아이들을 제지했다. 그러자 혁준이는 놀라워하며 나를 노려보았다. 지금껏 어느 누구도 이처럼 어려운 상황에서 그를 도와주지 않았다. 그러한 상황에서 그동안 그가 자기 집에서 감당해왔던 것처럼 희생양의 역할을 하도록 받아들였던 것이다.

그날 저녁 주차장 쪽으로 가고 있을 때 누군가 내 이름을 부르는 소리가 들렸다. 청바지 주머니 속에 어정쩡하게 손을 집어넣은 키 크고 호리호리한 모습의 혁준이가 어둠 속에서 나타나 내 차 옆으로 다가섰다. 그는 아스팔트 위에 놓여 있던 잘 보이지 않는 돌맹이를 발로 걸어찼다. 그리고 "난 선생님이 왜 그러셨는지 모르겠어요. 어쨌든 고마워요."라고 중얼거렸다.

그 순간 내게는 혜성과도 같은 빛이 별안간 반짝이는 듯했다. 그

것이 바로 혁준이가 희생양의 고리를 끊고 진지한 치료 작업을 시작하게 된 시점이었다. 물론 곧바로 평탄한 길이 열린 것은 아니었다. 처음에는 수용시설에서 희생양으로 있었던 옛 역할로 되돌아가고자 하는 시도를 계속하였으며 퇴보하는 모습을 보이기도 하였다. 그러나 그에 대한 지원에 힘입어 혁준이는 자기 자신을 존엄한 존재로 대우받을 만한 좋은 사람으로 받아들이고자 노력하면서 극적인 행동의 변화를 보였다.

3. 투사적 동일시

앞서 언급한 바와 같이 희생양이 된 아동의 부모는 자기 자신 속의 달갑지 않은 부분을 없애고자 투사적 동일시로 알려진 정신적 기제를 사용한다. 투사적 동일시는 대리적인 자기반성과 같이 좋은 면이 있고 승화된 형태로 쓰일 경우에는 공감에도 사용된다. 그러나 희생양을 만드는 상황에서만은 파괴적인 현상이라 할 수 있다. 즉, 투사적 동일시는 혼란이 일고 방향성이 상실되는 순간에 의도적으로 이루어져 많은 희생자들에게 대가를 지불하게 한다. 부모들은 자기 안에 떳떳하지 못한 자질이 있음을 보면서 이러한 자질을 자녀에게 귀속시킨다. 이때 자녀들은 환상 속에서 부모의 문제에 대해 책임을 지게 된다.

투사적 동일시라는 말은 일종의 심리적이고 대인관계적인 과정의 패턴을 묘사하기 위해 Melanie Klein(1946)이 처음으로 사용한 것으로, 바람직하지 못하거나 때로는 매우 바람직한 행동을 자기 자신으로부터 타인에게 투사하는 것을 말한다. Thomas Ogden(1979)

은 투사적 동일시의 과정에 대한 보다 분명한 관점을 제시하면서 다음과 같은 네 단계를 설명하였다. 첫째, 투사하는 사람은 매우 바람직하거나 바람직하지 못한 자아의 특성이 타인에게 옮겨지기를 원하거나 그렇게 되는 환상을 즐긴다. 둘째, 투사하는 사람은 자신의 욕망이나 환상에 부합하는 투사 대상의 감정을 전환하거나 유도한다. 셋째, 특별히 상처받기 쉬운 취약한 투사 대상은 투사를 수용하고 진행시킨다. 넷째, 투사하는 사람은 투사 대상의 '진행' 된 투사를 재수용하거나 내면화하기 시작한다.

이 공식은 투사적 동일시가 개인의 한계를 초월한 방어기제로서뿐만 아니라 병리적이지 않은 수많은 대인 간 상호작용을 특징짓는 과정으로 이해될 수 있다는 것을 나타낸다. 일례로 크게 성공하기는 했지만 심장외과 의사가 되고 싶은 꿈을 이루지 못한 남자가 있다고 하자. 그가 이런 열망을 자기 아들이 어렸을 때부터 투사해 왔다면 그 아들, 곧 투사 대상은 그 이미지를 수용하고 그 꿈을 자신의 꿈으로 여길 수도 있다.

투사적 동일시는 다양하게 해석되어 왔다. 원래 Melanie Klein은 아동의 주도 아래 부모 중 한 사람을 향해 이루어지는 방어 또는 통제의 과정으로 투사적 동일시를 보았다. 그러나 정신분석학적인 배경을 지닌 대부분의 가족치료자들은 부모를 방어나 통제의 목적으로 쓰일 수 있는 한계를 초월한 과정을 주도하는 인물로 본다. 정신분석학적인 관점에서 볼 때 부모는, 다양한 방식으로 자녀가 부모의 욕구를 성취하도록 대역을 하게 하거나 압력을 넣어 부모 자신의 '나르시스적 욕망을 자녀에게 투사' 하고자 하는 사람이다(Richter, 1960; 1963).

투사 과정에서 교류 상대가 지닌 상대적인 힘과 의존성에 관한 질문이 매우 다양한 견지에서 등장하고 있다. Wynne 등(1958)은 지위적인 측면에서 상대적으로 유사한 상대 간의 의존성을 논함에 있어 대역이나 결탁을 통한 호혜의 형태가 이루어지고 있음을 뜻하는 '교환적 분열'에 대해 이야기하고 있다. 만일 대역이 부모의 자기관찰을 위해 쓰인다면, 그것은 부정되거나 거부된 부모의 인성 특성을 대역자가 자신의 인성으로 통합함으로써 부모로 하여금 안전한 가시거리 내에서 부모 자신의 거부된 특성을 볼 수 있게 한다고 설명한다(Simon, Stierlin, & Wynne, 1985). 결탁이란 기만적인 목적이나 부정적인 목적으로 둘 이상의 사람들 사이에 이루어지는 비밀스러운 합의를 일컫는다(American Heritage Dictionary, 1982). 만일 양쪽의 힘이 동등하지 않으면 약자, 즉 의존적인 파트너가 강자 또는 연장자의 현실을 채택할 수 있다(Stierlin, 1959). 예를 들어, 열 살 난 두원이는 쉽게 돈을 벌고자 했던 아버지의 소망을 받아들인 결과 수많은 도벽사건에 연루되고 말았다. 그는 '대역'과 '결탁'으로 아버지에게 호응을 한 것이다.

부대조건

Bowen(1978)은 독특한 방식으로 가족투사 과정이란 용어를 사용했다. 그는 가족투사 과정과 투사적 동일시의 개념이 부분적으로만 중복되는 것으로 보았다. Bowen은 투사적 동일시의 과정을 부모가 자녀에게 문제를 투사하는 기본적인 과정으로 이해하였다. 이와 같은 문제들은 매우 경미한 증상에서 정신분열, 자폐증과 같이 가장 심각한 형태에 이르기까지 아이들에게 광범위한 영향을 미칠 수 있다. 전통적인 의미로 볼 때 기본적인 과정은 부모보다 아동에게 초점을 맞춘 정서체계를 포함한다. 남편의 관심사에 예민한 아내는 공부 잘하는 아이를 갖고 싶어 하는 남편의 정서적 관여와 욕망의 편에 선다. 그런 이유로 자녀들은 때로 지나치게 불안해질 수도 있다.

가족투사 체계는 어느 정도로는 모든 가족에게서 발생하는 보편적인 현상이다. 그것은 다음 세대를 희생시키는 대가로 기성세대가 지니고 있는 미분화된 불안을 경감시킨다. 때로는 가족원 중 어느 한 사람의 희생으로 가족체계가 더 잘 돌아간다. 그리하여 가족투사 과정을 통해 부모의 분화 수준이 자녀에게 전달된다. 이때 아동은 가족의 짐, 즉 가족의 증상을 짊어지는 자가 된다(Bowen, 1978).

Grotstein(1985)은 투사적 동일시가 아동의 인격이 형성되는 시기에 일어난다고 주장한다. 그는 투사적 동일시의 기본 메커니즘에 대해 다음과 같이 매우 지각적인 묘사를 하고 있다. 첫째, 분열이 진행되면서 자신을 괴롭히는 불안에 대한 방어로 절대적 부정, 이상화, 투사를 수반하는 과정이 나타난다. 둘째, 투사적 동일시와 분열이 함께 일어난다. 아동이 편치 않게 행동해야 할 경우, 이는 곧 분열의 과정이 시작되었음을 나타내는 징표가 될 수 있다. 즉, 지연이나 근절을 위한 목적으로 자아의 분열된 지각을 다른 대체물에 할당하면서 아동이 분열되고 투사적 동일시가 분열에 부가물로 작용하게 되는 것이다. 나윤이의 예가 바로 그런 경우였다. 나윤이는 다섯 살 때 아버지의 손톱을 다듬고 나서 아버지를 성적으로 만족시켜 주어야 했다. 이제 이십대 초반의 성인이 된 나윤이는 아버지의 손톱을 다듬던 일을 떠올렸다. 그리고는 나를 바라보며, "그 다음에 다른 누군가가 그 일을 떠맡았어요. 그건 제가 아니었어요."라고 말했다.

Grotstein은 투사적 동일시와 투사를 동일한 용어로 보고 두 용어를 서로 바꿔서 사용할 수 있다고 주장한다. 그는 투사와 관련된 분열의 정도가 심리적인 대상이든 관계적인 대상이든 대상이 지닌 자아의 탈동일시나 재동일시에 의존하는 정도를 결정한다고 말한다. 반면 Wolheim(1969)은 내용과 목적 면에서 투사와 투사적 동일시 간의 차이를 구분하고 있다. 우선 내용 면에서 볼 때 투사되는 것은 정신적인 특질이고 투사적으로 동일시되는 것은 내적 대상이라고 할 수 있다. 목적 면에서 볼 때 투사는 안심하기 위해 외부 대상의 사고나 아이디어와의 접촉을 유지하고자 하는 바람을 포함하는 반면, 투사적 동일시는 사고와 내부 대상이 제거되길 바라고 그로 인해 아무런 생각이 없는 상태에 이르게 된다. Grotstein은 이러한 구분이 기술적으로는 옳을 수 있다고 인정하면서도 임상적인 상황에서는 그와 같은 차이를 인지하는 것이 어렵다는 실질적인 지적을 하고 있다. 이들 개념에 대한 종합적인 이해를 도모하는 데 Ogden(1978; 1979), Meissner(1980), Ornston(1978)이 제시한 구분이 적합한 듯하다. 그들은 투사를 정신 내적 기제로 투사적 동일시를 교류적 또는 양자 간의 기제로 보고 있다.

투사적 동일시는 결코 진공 상태에서 발생하지 않는다. 자아 또는 자아의 일부 특성이 특정 대상에게 전이되는 것은 언제나 대체물, 즉 대상이 지니고 있는 선입견을 전제로 한다. 대상을 조사하고 뒤져서, 즉 대상을 탐험해서 파악하는 것은 정상적인 사고의 원초적인 기제인 것이다.

투사적 동일시의 관점

모든 투사적 동일시는 두 가지 상태의 불안을 내포하는데 하나는 투사에 앞서 나타나는 불안이고 다른 하나는 투사가 이루어진 후에 나타나는 불안이다. 원래 불안은 분리 경험의 결과이고 결국 이차적인 불안 상태를 유발하는 투사적 동일시를 예견한다.

투사적 동일시는 성격상 신경증적 또는 정신병적일 수 있다. 신경증적인 투사적 동일시는 과거 분열된 것으로 여겨 온 대상에 대한 확장으로 경험된 것이다. 정신병적인 투사적 동일시는 살아남은 자아가 이와 같은 대상과 과거 자아를 정의했던 자아경계로부터 위축되는 특징을 보인다. 대상과 자아경계는 보통 융합되어 특이한 대상을 피해망상과 환각으로 전환시킨다.

대인관계적인 투사적 동일시와 정신내적인 투사적 동일시는 중복되는 면이 있을 수 있지만 서로 구별할 필요가 있다.

Grotstein(1985)은 분열을 분화의 원리를 대행하는 것으로 투사적 동일시를 일반화의 원리를 대행하는 것으로 설명한다. 이 한 쌍의 힘은 다양한 수준의 치환과 이차적 재조합을 통해 지각과 사고 과정을 추진하게 할 뿐 아니라 모든 방어기제에 있어 최소한의 공통분모를 이룬다. 궁극적으로 억압, 부정, 고립, 지성화, 공격자와의 동일시는 모두 분열과 투사적 동일시의 조합으로 여겨진다. 사고와 지각이 기대, 선정, 정신적 저장 공간을 위한 통합이나 지각의 재조직화를 포함하듯, 분열과 투사적 동일시는 이러한 기대와 선정, 재조직화 과정에 기본적으로 포함되는 것으로 보인다. 분열은 분화에 상응하고 투사적 동일시는 지각을 예견할 때 외면화에 상응한다.

분열과 마찬가지로 투사적 동일시는 일종의 대상관계로 볼 수 있다. Meltzer(1967)는 영아가 자신 또는 부모와 관련하여 지각하는 서로 다른 신체 부위, 예컨대 구강, 항문, 성기 부위 등으로 투사하거나 투사되는 순서를 설명하였다. 이러한 과정은 자신의 신체 부위와 부모의 신체 부위 간의 경계에 혼란을 일으킨다.

방어적인 투사적 동일시는 마음의 대상인 감정과 사고를 분리하고 비우며, 마음의 주체인 '나' 또는 '나'의 일부를 대상과 동일시하는 자리바꿈이라 할 수 있다. 정신 이상의 경우 마음 자체는 비워지며, '나'는 단지 무엇과 동일시되는 것이 아니라 모두 사라지든지 아니면 피해망상적으로 대상이 되어 버린다. 이런 사람은 '나'를 포기할 수도 있고, 심지어는 현재 자기 자신을 잘못 표출하고 있는 이 사기꾼을 죽이려 할 수도 있다.

Grotstein은 마음의 힘으로 물체 내부에 운동을 일으키는 심령 작용인 염동 경험과 관련된 또 다른 유형의 정신병적인 투사적 동일시에 대해서도 언급한 바 있다. 정신병은 자아 유기, 유체 이탈을 포함하여 어디든 가고 싶은 곳으로 자유롭게 갈 수 있는, 육체로부터 분리된 쌍둥이 자아인 분열된 자아에 투사적으로 동일시한 것일 수 있다. 이러한 적용은 투사적인 동일시에 대한 Grotstein의 종합적인 설명으로 결론지을 수 있다.

올해 마흔두 살의 진아 씨는 함께 치료를 받으러 오지 않은 스무 살난 딸 배희가 문제라고 불평했다. 진아 씨는 내가 자기 딸에게 전화해주기를 바랐지만, 한 시간쯤 이야기를 하고 나자 자신이 책임을 져야한다는 것을 깨달았다. 엄마는 딸이 방탕한 생활을 하고 있고 옷과 보석을 사거나 노는 일에 돈을 몽땅 써 버린다고 불평하면서 딸아이를 구제불능으로 묘사하였다.

마침내 배희가 치료를 받으러 왔을 때 나는 너무나도 닮은 모녀의 모습을 보고 깜짝 놀랐다. 공들여 치장한 화장과 머리 모양, 캐주얼하면서도 세련된 옷차림까지도 흡사했다. 엄마는 딸이 일을 하지 않는다고 불평하긴 했어도 언제나 딸과 잘 지냈다. 엄마가 딸에게 집과 자동차를 사 주고 기름 값을 대주며 생활비를 주고 있다는 사실이 드러났다. 일을 해야 할 동기가 없는데 어떻게 일하고자 하는 욕구가 생길 수 있겠

3. 투사적 동일시

는가 의아할 뿐이었다.

시간이 지날수록 엄마가 자신의 욕구와 동일시를 딸에게 투사하고 있다는 것이 분명하게 나타났다. 홀로 딸을 키워 온 진아 씨는 계속해서 딸아이의 문란한 생활을 화제로 삼았고 딸은 냉담하게 부인하였다. 결국에는 엄마가 보기에 딸에게 나쁜 영향을 미치고 있다고 생각되는 딸아이의 남자친구를 만나보기로 했다. 세 사람이 치료실에 온 날 엄마가 딸과 같은 옷차림을 한 것을 보고 또 한 번 깜짝 놀랐다. 엄마는 딸의 심사가 불편할 정도로 딸아이의 남자친구에게 노골적이고 경박스러운 모습을 보였다. 잠시 후 남자친구에게 나가 달라는 요청을 했다. 그가 나가자 딸은 엄마의 행동을 비웃으며 화를 내고 싸우기 시작했다. 그때 엄마는 의기양양한 모습을 보이며, "보셨죠. 제가 선생님께 얘기한 게 맞지요? 얘는 구제불능이라니까요."라고 하소연했다. 딸이 자신의 특질과 성격을 얼마나 쏙 빼닮았는지를 볼 수만 있었어도 엄마가 그토록 자신만만한 모습을 보이지는 않았을 것이다.

이후의 치료 과정에서 엄마는 부모로부터 모든 것을 지원받으며 자신만의 삶을 누리고 싶은 바람을 늘 가져 왔으나 그런 일은 결코 일어나지 않았었다고 털어 놓았다. 그러고는 주체할 수 없이 웃으면서 딸처럼 남자친구와 애인을 많이 가져 봤으면 하고 바랐노라고 시인하였다.

이 경우 어느 정도 투사적 동일시가 일어났다는 것을 알 수 있다. 그러나 엄마의 의식적인 마음으로부터는 이와 같은 행동 모두가 순전히 딸로부터 비롯된 것으로 생각되었고 이 상황에서 엄마 자신의 역할은 인식되지 못했던 것이다.

4. 탈동일시

희생양 역할의 거부

자신에게 상처가 되도록 누군가를 동일시하는 상황이 자기 발전에 해롭다는 것을 깨닫는 순간 탈동일시가 일어난다. 오랫동안 투사적 동일시 과정에 참여해 왔고 그로 인해 상처를 받아 온 경우나 생존이 위태로운 경우, 즉 자기 자신을 가족문제를 떠맡고 있는 사람으로 보는 경우라 해도 그로부터 벗어날 길을 찾을 수 있다. 특별히 장기간에 걸친 치료가 바로 그 길을 알려 줄 수 있다. 거의 평생에 걸쳐 당연하게 거의 모든 가족문제에 대해 책임을 져 온 사람들은 때때로 지금껏 자신이 온 가족을 위해 짐을 짊어져 왔다는 것과 더 이상 그런 역할을 하고 싶지 않다는 것을 깨닫게 된다. 이는 갑자기 일어날 수도 있고 서서히 일어날 수도 있으며 치료를 통해 일어날 수도 있고 치료를 받지 않고서도 일어날 수 있다.

은영의 경우가 그랬다. 서른 살의 은영은 여전히 원가족으로부터 자기 자신을 분리하지 못한 가족희생양이었다. 갑작스럽게 얻은 통찰을 바탕으로 그녀는 치료 중 자신이 가족의 문제와 고통스러운 경험을 떠맡은 '가족의 안전한 대체물'이었다고 말했다.

부모의 거부가 공정하지 못한 것이었음을 인정하게 된 은영은 더 이상 자기 부모를 방어하고자 하는 태도를 보이지 않게 되었다. 그녀는 자기 자신과 자신의 상황에 대해 설명하면서 자신이 매우 불공평하게 버려졌다고 말했다. 그리고 말하던 중 화가 나서 "앞으로는 집안의 모든 비난을 떠맡지 않을 거예요."라고 선언하고는, "비난도 식구들이 제게 한 일이에요."라고 말했다. 내담자가 가족 상황으로부터 자기 자신을 분리하는 것을 배우기 시작하는 시점이 모든 가족 문제에 대한 탈동일시의 출발점이 된다. 보통 이처럼 분명하게 상황을 지각하는 것은 희생양이 된 사람이 그동안 자신이 이용당해 온 느낌을 분노와 비난으로 표출하는 시기를 거치고 난 후에 이루어진다. 자신이 집안에서 맡은 역할을 인식하는 것은 언어로 표출될 수도 있고 행동을 통해 나타날 수도 있다.

희생양이 된 사람들 중 많은 이들이 가족으로부터 자기 자신을 물리적으로 분리시켜야 하는 상황에 있다. 이처럼 필연적인 소외를 경험한 후 그들은 개별적 자아 또는 새롭고 매우 만족스러운 자기 자신을 굳건히 하고자 한다. 이후 그들은 비록 처음에는 자신을 거부했을지라도 자신에게 상처를 입혀 온 가족들을 받아들일 수 있게 된다. 그들은 강력한 부정적인 힘에 대항해 아무런 도움도 없이 고군분투하고 있는 피해자로 자신의 가족을 볼 수도 있다. 용서는 잘못을 저지른 자뿐만 아니라 그 피해자에게도 치유의 잠재력을 발휘한다. 과거에 희생양이었던 사람은 다른 모든 사람들처럼 자기 부모도 문제를 지니고 있는 사람이라고 생각하게 되면서, 더 이상 자기 부모를 전지전능한 사람으로 보지 않고 그들 역시 자신이 겪고 있는 불행에 대해서는 피해자라고 생각하게 된다.

분노와 비난의 극복

삼십대 초반의 경혜는 7남매 중 막내였다. 그녀의 아버지는 자녀들에게 저녁 여섯 시까지 귀가하도록 요구할 만큼 무척 엄한 사람이었다. 다른 자녀들도 아버지의 엄격한 훈육과 언어적 학대를 겪었지만 아버지의 분노를 가장 많이 감당해야 했던 아이가 바로 경혜였다. 어린 시절 실수로 잠자리에 오줌을 쌀 때마다 아버지에게 매를 맞았다. 경혜는 곧 아버지의 기분을 살피는 것을 배우게 되었다. 아버지가 차고에 차를 댈 때 오늘은 맞을지 맞지 않을지를 알 수 있을 정도였다. 또한 아버지가 집 안에 들어설 때 현관에서 나는 소리만 들어도 그날 아버지의 기분을 눈치 챌 수 있었다. 이따금씩 아버지가 집으로 돌아온 것을 알았을 때 너무도 무서워서 숨어 있기도 했는데 이런 행동은 아버지를 격분하게 했고 결국은 아버지로부터 두들겨 맞곤 했다.

경혜는 울분에 싸여 학교생활을 망쳐 버렸다. 대놓고 선생님에게 반항을 했고 학교기물을 파손시켰으며 교장 선생님의 훈계도 무시해 버렸다. 또한 말썽의 소지가 많은 불량한 아이들을 꼬득이기도 했다.

경혜가 열네 살 때 아버지는 딸들에게 매일같이 경고하곤 했다. 집 밖에서 조신하게 처신할 것과 집에 돌아왔을 때 몸과 행동에 달라진 게 없어야 한다는 것을 매일같이 상기시켰다. 만일 이를 어겼다가는 그날로 죽을 줄 알라고 엄포를 놓곤 했다. 경혜는 이처럼 자기만 옳다는 식의 아버지의 처사에 화가 치밀었고, 그러던 어느 날 아버지가 다른 여자와 바람을 피운 사실을 알게 되었다. 경혜가 열여섯 살 때 아버지는 심장마비로 세상을 떠났다. 그후 그녀는 극도로 문란한 생활을 하게 되었고 이 남자 저 남자 가리지 않고 상대를 했다. 하룻밤만의 정사가 그녀의 일상적인 생활이 되었다. 그러나 지난 1년 동안 경혜는 자기 스스로 상처를 입혀 왔다는 것을 깨닫게 되면서 홀로 지내게 되었다. 경혜가 이렇게 변한 데는 상담을 받아 온 것과 에이즈에 대한 공포가 중요한 역할을 했다.

몇 개월째 계속해서 치료를 받고 있던 어느 날, 경혜는 나에게 다른 동네에 살고 있던 친할머니의 사망 소식을 듣고서 아버지가 죽었다는 이야기를 했다. 아버지가 모친의 사망이라는 충격적인 소식을 듣고 나서 바로 몇 시간 후에 심장마비로 죽었다는 것이 좀 의아했다. 새로운

통찰력을 갖게 된 경혜는 아버지의 행실을 용서해야 하고 더 이상 아버
지에게 지나치게 얽매여서는 안 된다고 말했다. 경혜 아버지는 정말 골
치 아픈 사람이었고 아무도 그를 좋아하지 않았다. 심지어 아내조차도
그를 좋아하지 않았고 끝없이 불평을 해댔었다. 진실로 아버지를 염려
해 준 사람, 아버지가 유일하게 믿었던 사람은 바로 자신의 어머니였던
것이다. 그런데 그 어머니가 세상을 떠난 것이었다. 경혜는 "가엾은 사
람, 오늘에서야 전 아버지가 안됐다는 생각이 들어요. 아버지는 참 외
로운 환자였어요."라고 덧붙였다. 이어 아버지가 과거에 자기 부친으
로부터 신체적으로 학대를 받았기 때문에 자신이 한 행동보다 더 나은
행동을 알지 못했다고 덧붙였다. 경혜에게 있어 이러한 인식은 자기 스
스로의 치유가 시작되었음을 나타내는 징표였다. 아버지를 강하고 포
악한 처벌자로 보지 않고 약하고 불쌍한 사람으로 보는 것이 경혜가 아
버지에 대해 가지고 있는 감정을 다루는 데 도움이 되었다.

많은 경우에 있어 내담자가 다른 이들도 자신과 똑같은 고통을 겪
어야 한다고 느끼는 인과응보와 같은 보복의 단계를 극복하기 전에
는 탈동일시가 일어날 수 없다. 그러므로 치료의 시작 단계에 있는
내담자는 분노를 폭발하고 짜증을 내면서 악의적인 행동을 하거나
질시에 찬 파괴적인 행동을 할 수도 있다. 내담자는 당면한 문제가
자신만의 것이 아니며 다른 가족들도 짐을 나눠 가져야 한다고 느낀
다. 만일 다른 가족들이 치료에 동참하는 경우라면 더더욱 그럴 수
있다.

어떻든 간에 희생양인 내담자는 희생양을 만든 사람들이 치료과
정에 함께할 때 그들을 용서하기가 더 쉬운 듯 보인다. 보통 치료 중
에 "그들에게 휘말리는 데 질렸어요." "그들 때문에 제가 가치 없는

사람처럼 느껴져요." "그들도 변하기 위해 노력했으면 좋겠어요." 와 같은 말로 앙갚음하고 싶은 욕망을 표현한다. 치료자는 인내심을 가지고 그런 말을 들어야 할 뿐 아니라 그 말의 취지를 전적으로 수용해야 한다. 왜냐하면 이것이 희생양이 된 자아의 가해자 및 피해자 측면으로부터의 탈동일시가 이루어지기 시작하는 시점이기 때문이다. 그것은 또한 희생양이 된 사람을 더 나은 방향으로 이끄는 개인의 의식적인 자기주장의 시작이기도 하다. 그러나 희생양이 된 사람은 정체감에 대한 의문을 갖기에 앞서 자신의 고뇌와 분노를 인정하고 그것을 시험해 보아야 하며, 부정적으로 과장된 정체감의 주요소인 죄책감과 박해적인 자기거부에서 벗어나는 법을 배워야 한다. Jung(1953-1979)은 이를 다음과 같이 설명하고 있다.

부모와 조부모가 아이에게 얼마나 죄를 뒤집어 씌우든 간에 진정한 성인이라면 잘못을 자신이 직면해야 하는 자신만의 상황으로 받아들일 것이다. 어리석은 사람들만이 자신이 바꿀 수 없는 다른 사람의 죄에 관심을 갖는다. 현명한 사람은 오로지 자신의 잘못으로부터 배운다. 그는 자신에게 다음과 같은 질문을 할 것이다. "이 모든 일이 나에게 벌어지도록 한 나는 누구인가?" 이 운명론적인 질문에 대한 답을 찾기 위해 그는 자신의 마음을 들여다볼 것이다(p. 152).

희생양이 된 사람은 자신의 원가족과 의사소통하는 기술을 배워야 한다. 그러면 "왜 나인가?", "이 가족 시나리오에서 내가 맡은 부분은 무엇인가?"와 같은 의문을 떠올리게 된다. 나아가 다른 사람들과의 관계를 다루기 전에 먼저 자신의 고통을 다루고, 자기 욕구를 가지고 자기주장적으로 그리고 적극적으로 행동하기 위해 가족 안에서 힘을 내세울 필요가 있다. 원가족의 파괴적인 권리행사와 가족역동에 대한 이해는 내담자가 자신의 문제를 다루는 단계로 넘어가는 데 도움이 된다. 그래야만 개인적 소명과 삶의 선택이라는 측면에서 자신의 기능을 발휘할 수 있다. 희생양을 만들어 온 가족들 앞에서 자기주장을 하지 않으려 한다면 그가 겪고 있는 희생양이 된 느낌으로부터 탈동일시하기 어렵다. 요컨대 내담자가 가족 패턴을 이해하고 자기주장력을 개발하는 것은 길고도 험난하며 울퉁불퉁한 비포장도로를 통과하는 것과도 같다. 이런 내담자와 함께하는 것은 그들 자신이 처한 상황을 이해하고 그것을 이성적으로 잘 받아들이게 되기까지 시간을 요한다.

5. 정체감 발달

　희생양이 된 사람들은 너무나도 오랫동안 부정적인 생각에 짓눌려 왔기 때문에 긍정적으로 사는 법을 배우기 위해서는 엄청난 노력을 필요로 한다. 부정적인 자아개념을 적응을 잘한 사람들이 지니고 있는 자아상으로 대체하는 것은 지극히 어려운 일이다.

　Satir(1972)에 따르면 사람들은 가까운 가족으로부터 부여받은 가치에 따라 자신의 가치를 평가한다. 자존감과 정체감은 상호 가치 존중과 가치경시의 기제에 의해 규제된다. 보통 한 사람의 가치를 평가하는 기준은 원가족 안에서 발달되며 이후 개인이 발달시키는 다른 관계로 전이된다. 그러나 심하게 희생양이 된 사람의 경우 원가족에서 발달되어 온 가족관계와 의사소통 패턴이 개인의 무가치감을 부추기므로 안정된 자존감을 발달시키기 어렵다. 그러나 가족이 자존감에 영향을 미치는 유일한 요인은 아니다. 직업적인 성공이나 사회적인 수용과 같은 다른 요인들도 자아존중감의 발달과 유지에 중요한 기여를 한다. 개인의 자율성은 외적 타당성이 없을 때에도 자존감을 유지할 수 있는 정도에 달려 있다.

그러나 자아와 대상 간의 부적절한 분화, 곧 혼융이 일어나면 대상에게로 혼합되는 경향이 나타나고 대상과 건설적인 관계를 형성하지 못하게 된다. 자아와 대상 간의 진보적인 분화 과정은 관계성의 과정과 맞물려 나아간다고 할 수 있다. 이 과정이 아직 나타나지 않았다면 치료를 통해 나타나도록 해야 할 것이다.

앞서 논의한 바와 같이 현실적인 자아개념은 정상적이고 건강한 심리적 자아와 그 대상관계, 그리고 그와 관련된 감정을 일컫는다. 개인이 지닌 현실적 자아의 기본적인 생각은 숙달과 이러한 헌신이 필요로 하는 것에 자격을 부여한다고 느끼는 자기 권리행사에 대한 감각이다. 이 개념에는 개인이 가지고 있는 자기활성화, 자기주장, 헌신을 위한 개인의 역량이 포함된다. 그러나 희생양이 된 사람의 경우 현실적 자아와 거짓 자아 또는 방어적 자아 간에 분열이 있다. 거짓된 방어적 자아는 현실에 근거하지 않고 현실에 대한 대가로 고통스러운 감정에 대항하는 개인을 방어한다. 예컨대 형편없는 자존감을 가지고 있는 내담자는 스스로를 지지하는 자기주장력이 없다. 이러한 사람은 자기 가치를 인정할 수 없고 자기활성화나 숙달, 자기 권리행사를 경험할 수 없으며, 강렬한 감정을 누그러뜨리거나 자신만의 독특한 개인적 소망이 무엇인지 알고 그것을 현실화하는 것 또는 어떤 일에 헌신적으로 매진하는 일을 할 수 없다(Masterson, 1985). 이와 같은 부정적인 요인들로 인해 희생양이 된 사람은 회피, 수동성, 부인, 환상에 의지하게 되며 이로 인해 차후로 자존감의 결핍을 초래하게 된다.

자아존중감이 낮은 사람들 중 일부는 자기주장을 펼치기 시작할 때 불안해 하거나 우울에 빠지게 된다. 그렇게 되면 그들은 곧바로 모든 감정을 차단하고 자기주장을 다시 포기해 버리고 만다. 민지라는 젊은 여성은 어머니가 자신을 조종하기 위해 항상 불평을 해 왔다고 말했다. 어머니의 욕구를 충족시키기 위해 민지는 어머니의 생각대로 '착하고 좋은 딸'이 되었고 이것을 자신의 현실적 자아로 받아들였다.

이런 사람들의 경우 좋은 느낌의 자아상을 지닌 현실적 자아의 자발적인 표현을 회피한다. 방어적인 자아의 기만적인 특성은 그 내용과 동기에 의해 드러나고 그들이 요구하는 현실에 대한 부정과 평가 절하의 형태로 나타난다(Masterson, 1985). 요컨대 자신이 가치없는 존재라는 것과 아무도 자신을 원하지 않는다는 내용을 담게 된다.

이런 내담자에 대한 치료 작업의 총체적인 목적은 그들이 치료에 협력하도록 도와주는 것이다. 즉, 내담자의 행복과 안녕을 목적으로 진정한 대상관계를 발달시키는 것이다. 치료를 시작할 때 치료자는 내담자에게 이와 같은 관계의 현실에 대해 분명히 이해시켜야 한다.

내담자가 자신의 정서를 잘 다루도록 하려면 치료자가 가능한 한 중립을 지켜야 한다. 치료자는 내담자의 잠재능력을 강조하고, 치료작업에 우호적인 분위기를 만들며 강력한 치유력을 발휘하는 긍정적인 지지를 풍부하게 제공해야 한다. 희생양이 된 사람들에게 있어 이와 같은 지원의 가치는 아무리 강조해도 지나치지 않는다. 그야말로 태어나서 처음으로 타인에 의해 자신의 정서적인 욕구와 최대의 관심사가 인식되고 인정받으며 반응을 얻고 있는 것이다. 치료자는 내담자가 다룰 수 있는 것을 점검하고 지대한 관심을 가지고 진행함으로써 내담자를 최대한으로 지지할 수 있다. 상담은 내담자 자신을 표출하고 그의 고통스러운 정서를 배출하기 위한 전달 수단이 된다. 또한 결정적인 시도를 재고하고 적응의 문제를 해결하며 새로운 적응책을 시도해 보는 맥락이 된다.

내담자가 책임감을 느껴야만 하는 가장 중요한 문제 가운데 하나는 치료에 적극 동참하는 것이다. 내담자 자신의 행복과 안녕에 관심을 기울이고 책임을 느낄 수 있도록 하기 위해 흔히 내담자에게 문제가 무엇인지 생각해 보도록 하거나 자신의 문제에 대해 적어 보도록 하거나 가족이나 자기 감정을 그림으로 표현하게 할 수 있다.

자신만의 자아정체감을 발달시키기 위해 내담자가 필요로 하는 도움에는 어떠한 것들이 있는가? 이에 대해 알아보기 위해 아동기에 발생하는 정상적인 분리와 개별화의 문제를 다룬 Mahler와 Pine, Bergman(1975)의 연구를 살펴보도록 하자. 그들은 보행유아가 비언어적인 방식으로 도움을 '요청' 하기 위해 어머니에게 돌아오는 자기주장적인 환경 탐색에 대해 설명하고 있다. 어머니로부터 그와 같은 도움을 받게 되면 아이는 또 다시 자기주장적인 환경 탐색을 시도하게 된다. Mahler와 그의 동료들은 이 효과를 '재충전' 이라 일컬었다. 재충전에는 두 가지 의미가 내포되어 있다. 하나는 아동이나 성인 내담자에게 그들이 필요로 하는 친밀감과 수용감을 제공하는 것이고, 다른 하나는 자기주장적인 환경 탐색을 통해 알 수 있는 바와 같이 현실적 자아를 발견하도록 정서적으로 지지해 주고 인정해 주는 것이다. 뒤늦게 일어나기에 더더욱 결정적인 이러한 과정은 내담자가 유아적 의존성에서 벗어나 자신의 욕구를 충족시키는 법을 배워가도록 치료자가 은유적으로 진행해야 한다.

치료자가 꾸준히 노력을 기울이는 가운데 연극이나 경계의 표시와 같은 개입전략을 통해서도 희생양이 된 내담자가 구속에서 벗어나 자존감을 기를 수 있도록 도울 수 있다. 연극은 가족들이 치료자에게 묘사한 대로 실제로 재연해 보도록 하는 기법이다. 치료자는 회기 중에 대인관계와 관련된 내용의 시나리오를 구성해서 가족 간의 역기능적인 교류를 연기해 보도록 할 수 있다. 경우에 따라서는 가족이 없을 수도 있는데 그럴 때에는 빈 의자를 사용하여 가족이 있는 것처럼 가정하고 그들이 서로에게 어떻게 하는지를 그대로 표현하라고 내담자에게 요구한다.

직접적인 언급이 이루어지는 상황에서도 치료자는 반응을 하지 않음으로써 가족들(또는 내담자와 가족을 상징하는 의자)이 평소 자기들끼리만 있을 때 실제로 어떻게 하는지를 나타내도록 교류 패턴을 구현해 볼 수도 있다. 이와 같은 상황에서 치료자는 가족원들끼리 주고받는 언어적·비언어적 신호방식을 관찰하고 용납할 수 있는 교류의 범위를 점검하는 위치에 서게 된다. 그러므로 치료자는 해결책을 탐색하면서 가족 간의 교류를 융통성 있게 다룰 수 있고, 내담자가 자신감과 자존감을 구축하도록 다양한 방식으로 도움을 주면서 가족 상황에 대한 대처능력을 가질 수 있도록 적용해 볼 수 있다.

경계를 표시하고 내담자가 의사소통 중에 '나'의 자리를 갖도록 도와줌으로써 서로 다른 구성원과의 관계를 정의하고 명료화하는 것도 치료 과정의 일부이다. 또한 치료 과정에는 가족 충성심과 그것이 가족역동의 공정성에 시사하는 바에 대한 이해를 비롯해, 내담자가 가족관계 패턴을 이해하도록 돕는 것, 가족문제 해결에 대한 책임이나 그들의 삶에서 권리행사가 이루어진 영역과 건설적이든 파괴적이든 권리행사가 가족의 행동에 미치는 영향력 등을 이해하도록 돕는 것이 포함된다. 치료에 있어 필수적인 것은 바로 내담자의 삶의 질을 강화시키는 것이다.

6. 치료의 과정

희생양이 된 사람들은 자신의 삶을 통해 정서적 포기와 분노의 느낌에 휩싸여 고통을 겪는다. 지지적인 치료자의 개입으로 내담자는 현실적 자아를 재충전하기 시작한다. 이윽고 내담자는 지속적이고 연속적으로 똑같이 중요한 새로운 자발성, 권리행사, 활력을 가지고 관심을 추구할 것이다. 그러나 처음에는 방어적인 자아에 크게 의존하고 회피로 인해 현실에서 치르게 되는 대가를 부인하면서 진정한 자기 활성화를 피해 버린다. 도훈이는 아동기로부터 청년기에 이르기까지 아버지로부터 성적으로 학대를 받아온 경우였다. 스무살이 되었을 때 도훈이는 가족, 특히 어머니에게 이 사실을 알리는 것을 꺼리게 되었고 "괜찮아요. 식구들에게까지 상처를 주기 싫어요. 저는 이제 다 컸고 아버지에게조차 상처를 주고 싶지 않아요. 아버지는 자기가 그랬다는 사실만으로도 곤경에 빠져 있어요."라고 말했다. 치료를 통해 내담자는 그가 지속적으로 극복해 나갈 수 있는 두 가지 중요한 활동이 있음을 깨닫게 된다. 하나는 자신만의 독특한 현실적 자아를 표현하는 것이고, 다른 하나는 지금까지의 소극적인 자세에서 벗어나 적극적이고 자기주장적인 자세로 전환하는 것이다.

치료자는 내담자의 특별한 욕구에 가장 적합한 의사소통 패턴을 찾아내야 한다. 예컨대 치료자는 유혹이 따르는 경우나 내담자의 상황이 긴급한 경우라 하더라도 내담자가 현실적 자아를 활성화하

165

6. 치료의 과정

도록 직접적으로 강요하거나 유도하거나 위협하지 말아야 한다. 그
와 같은 깨우침은 적절한 때에 바로 내담자 자신으로부터 나와야 한
다. 때로는 정해 놓은 목표에 비해 내담자의 단계가 너무나도 보잘
것없어 보이고 이렇다 할 만한 진전이 없어 보인다. 이러한 상황에
서는 '성공은 나누면 배가 되고 실패는 나누면 반이 된다'는 것을
내담자에게 보여 주는 것이 치료자가 취해야 할 전략이다.

부모역할의 재현 또한 내담자가 빼앗긴 유아기의 정서적 욕구를
다루는 치료법이 될 수 있다. 내담자는 전이를 통해 치료자가 자신
의 드러난 자아를 인정하고 박탈된 아동기 문제를 다루도록 도와주
는 수용적 부모역할을 하고 있는 것을 보게 된다.

때로 내담자는 어떻게 해야 자신의 진정한 자아에 부합되는 성공
을 할 수 있는지 알지 못해서 일을 그르치게 된다. 자신을 작고 보잘
것없는 존재로 경험하면서 그들은 자신의 긍정적인 성취에 대해 나
쁜 감정을 갖는다. 그들은 또한 진정한 자기 자신이 되는 것을 생각
하는 일이 기분 좋은 일인 동시에 그들을 불안하게 만든다는 사실을
발견할 수도 있다. 한 내담자는 "저는 제가 갖고 있는 생각이 제가
제기한 반대나 비판에 계속 부딪치게 하고 그러고 나서는 이내 포기
하고 말아요. 저 자신만의 삶을 살아가는 것이 두려워요."라고 말했
다(Masterson, 1985: 67).

이런 사람들은 너무 큰 죄책감을 경험해 왔기 때문에 타인의 비난
을 받으면 방어적이 된다. 그들은 실패의 징후와 과오의 증거로 괴
로워하며 이것이 곧 그들이 지닌 죄책감의 짐을 더하게 한다. 그러
나 희생양이 된 내담자가 자기 자신에 대해 훨씬 편안해지면 위기를
회피할 가능성이 줄어들고, 온갖 불확실성을 지닌 가운데서도 느리
지만 분명히 자신의 삶을 살아갈 준비를 갖추게 된다.

사랑하는 관계나 다른 친밀한 대인관계에는 기본적으로 상반된 감정이 나란히 존재한다. 즉, 함께 하고 싶은 욕구와 거리를 두고 싶은 욕구가 서로 다른 때에 서로 다른 정도로 나타나게 마련이다. 희생양이 된 사람은 이 둘을 구별하지 못하지만, 도움과 이해를 얻게 되면 이 둘에 대한 분별력이 생긴다.

치료자는 내적 지도와 애정적 수용, 그리고 객관성을 통해 내담자가 전환해야 할 필요가 있는 부정적인 부모 콤플렉스를 부정하고 처리하도록 도와 줄 수 있다. 이와 같은 작업은 내담자의 숨겨진 참자아가 서서히 드러나도록 한다. 이 참자아는 객관적으로 보거나 객관적으로 보이는 법을 발견하게 된다.

치유 과정은 힘들게 이루어진다. 즉, 그것은 치료자의 기술과 치료 과정의 전개를 바탕으로 이루어진다. 예컨대 서른일곱 살의 신혜는 성학대의 피해자였던 동시에 자기 아이들을 학대한 가해자였다. 심하게 희생양이 된 이 여성을 치료하는 과정에는 가족, 친구, 자녀가 다니고 있는 학교와의 협력이 포함되었다. 개인의 행복을 도모하기 위해 가능하다면 그 개인의 삶과 관련된 모든 체계를 활용하는 것이 일반적이다. 신혜는 지금까지 1년이 넘는 치유 과정을 겪어 왔다. 치료 작업은 길고 험난한 과정이었으며 때로는 보람을 느끼게 하기도 했고 때로는 좌절을 안겨 주기도 했다.

희생양이 된 사람은 치료 과정에서 보살핌의 단계를 통해 좌절을 극복하고 자기주장을 하며 의존성과 독립성을 수용하는 능력을 발견하게 된다. 이에 관해 한 내담자는 다음처럼 말한 바 있다.

집 같은 느낌이 들어요. 이 세상에 뿌리를 내린 듯한 느낌이요. 저 자신에 대해 좋은 감정과 강한 힘을 느끼게 되었고 열정을 갖게 되었어요. 이제 저는 나쁜 사람도 아니고 죄인도 아니에요. 선생님이 저의 못난 부분뿐 아니라 저의 모든 면을 봐 주셔서 저 자신을 생명력 있고 총체적인 존재로 볼 수 있었어요(Perera, 1985:85).

05 희생양 자녀의 치료사례

1. 정우 가족의 희생양 치유

사고뭉치 십대

열네 살의 정우는 6남매 중 막내로 사고뭉치라는 꼬리표를 달고 살았다. 정우는 형제들과 대판 싸우고 말썽을 일으키는 아이로 아주 유명했다. 하지만 이 아이는 자기가 아주 똑똑하다고 생각했고 사람들에게 이를 증명하기 위해서라면 어떤 일도 마다하지 않았다. 정우가 구사하는 능숙한 말솜씨를 보면 그동안 수없이 많은 상담을 받아 온 결과가 아닌가 하는 의문이 들 정도였다.

몇 차례에 걸쳐 정우를 만났어도 대화다운 대화는 나누지 못했다.

정우는 내가 줄 수 없는 것을 끈질기게 요구하거나 자기가 다니고 있는 특수학교에서 나오게 해달라고 계속 애걸하는 식으로 나를 시험하기 시작했다.

사건

정우가 내 마음을 사로잡았다. 내가 처음 정우를 만났을 때 그의 얼굴에서 볼 수 있었던 것이라곤 눈 밖에 없었다. 정우는 모자가 달린 재킷을 입고 있었는데 코 위까지 지퍼를 올려 옷으로 얼굴을 다 가리다시피 하였다. 거의 언제나 입까지 얼굴을 가리고 다녔다. 그러다 세 번째 상담을 마치고 났을 때 내 요청에 따라 재킷을 젖혔다. 그때 본 그의 얼굴은 소름끼치는 모습이었다. 입술 근처에 깊은 상처가 나 있었는데 그 상처로 인해 입 모양이 거의 다 없어진 듯했다. 해묵은 고통을 간직한 채 간간히 까불대는 정우의 모습이 마치 눈물처럼 느껴졌는데 그러면서 그는 얼굴에 상처를 입게 된 사연에 대해 이야기하기 시작했다. 회한에 찬 마음으로 어떻게 얼굴을 잃어버리게 되었는지를 들려주었다.

정우가 다섯 살 때 부모가 매우 심하게 말다툼을 벌인 적이 있었다. 그때 정우는 갈증이 나서 엄마가 난로 근처에 놓아 둔 우유를 마시려고 했다. 엄마는 늘 하던 대로 아직 우유 마실 시간이 아니니 손대지 말라고 했고, 아버지는 이 승산 없는 상황에서 아내에 대한 온갖 분노를 삭이며 우유를 마시라고 강하게 부추겼다. 부부 사이의 긴장이 참을 수 없는 수준에 도달할 때마다 정우가 중간에 끼어 주변인 같은 아버지나 엄마에게 매를 맞는 것으로 일이 마무리되곤 했다. 이 날도 그런 날들 가운데 하루였다. 엄마는 우유에 손대지 말라고 정우에게 소리를 질렀다. 부모의 틈바구니에 낀 상황에서 정우는 자기가 가장 무서워하는 아버지의 말을 들어야 했다. 정우가 우유팩을 집어 들자 무지막지하게 화가 난 엄마가 뜨거운 난로에 정우의 얼굴을 들이밀었다. 어떤 의료 처치도 화상 치료에 큰 도움이 되지 못했고 정우는 입술 주위에 지워지지 않는 번들거리는 큰 상처를 갖게 되었다. 앞에서도 언급한 바와 같이 정우는 이 화상 입은 입술이 모든 문제의 근원이라고 생각했다. 즉, 정우는 자신의 부정적인 신체상에 사로잡혀 있었고 엄마를 비난하지는 않았다.

여러 가지 유용한 정보에 근거해 볼 때 태어난 직후부터 정우가 가족희생양으로 지목되어 왔음이 분명해 보였다. 엄마는 정우가 다른 아이들보다 얼굴이 까맣고 못생겼다고 생각했기 때문에 그를 좋아하지 않았다. 정우는 엄마가 좋아하지 않는 아주 뚜렷한 인상을 갖고 있었다. 때때로 엄마는 정우가 집에 없다고 하면서 친척이나 친구들과의 접촉을 가로막곤 했는데 사실 그 순간 정우는 보통 엄마가 시키는 대로 자기 방에 앉아 있었다.

어린 시절 정우는 놀림감이 되곤 했는데 이로 인해 성격의 두 가지 측면, 곧 가해자와 피해자의 모습을 보이게 되었다. 정우는 부모가 뭔가를 하라고 할 때 비웃는 버릇을 갖게 되었으며 그로 인해 심한 벌을 자초하곤 했다. 또한 그는 어머니와 아버지 두 사람의 언짢은 기분을 감지하여 두려움에 떨고 있을 때 도대체 누구에게 복종해야 하는지 전혀 확신이 서질 않았다. 이와 같은 정서적인 부담과 함께 집안 살림은 언제나 쪼들리는 형편이었다. 아버지가 화가 나서 술에 취해 귀가하면 엄마는 살림 형편을 들먹거리며 아버지에게 소리를 질러대기 시작했다. 당시 함께 살고 있던 외할머니도 딸과 손자들 앞에서 사위를 비난하곤 했다.

정우는 일관성이 없는 가정에서 자랐다. 그는 부모가 자신에게 기대하는 바가 무엇인지 해도 되는 것과 해서는 안되는 것이 무엇인지 혼란스러웠다. 정우는 사랑과 증오와 같은 상반된 감정을 경험하였는데 그로 인해 자기 감정에 대해 우유부단하게 되었고 또한 그것이 순식간에 주위 사람들에 대한 정서적인 태도로 옮겨졌다. 할머니는 한번 화가 나면 좀처럼 삭이지 못하고 곁에 있는 사람들에게 온갖 심한 말을 퍼부어대는 사람이었다. 하지만 그 누구보다도 할머니가 자기에게 잘해 주었기에 정우는 할머니를 아주 많이 사랑했었노라고 말했다. 그러나 정우는 부모와 할머니가 싸울 때면 어려서부터 자신의 안전에 대해 두려움을 느끼게 되었다.

몇 차례의 치료를 받은 후에야 정우는 여러 해 동안 그의 뇌리에 불길하게 떠오르는 한 사건, 곧 그에게 지울 수 없는 상처를 남긴 사건에 대해 흥분하며 이야기했다. 무슨 이유 때문이었는지는 기억이 나지는 않지만 그날도 정우의 부모는 말다툼을 하고 있었고, 머리 끝까지 화가 치민 아버지가 어머니를 때리기 시작했다. 부엌에 앉아 있던 할머니는 딸을 구하려고 달려와서는 사위를 때리고 욕을 해대기 시작했다. 분노에 찬 아버지는 식칼을 집어 들고 장모가 부엌 바닥에 나뒹굴 때까지 장모를 향해 계속해서 난도질을 했고 이내 부엌은 붉은 피로 난장판이 되었다. 정우는 혼미한 정신으로 이 장면을 목격했다. 나중에 정우는 할머니가 죽어 갈 때 경찰이 와서 아버지를 잡아간 일을 기억해냈다. 정우는 이 일이 일어난 뒤로도 한참 동안 방 안에서 풍겼던 고약한 냄새를 기억했다. 정우는 외할머니를 무척 사랑했기 때문에 깊은 절망에 빠졌다. 집에서 가장 사랑하는 사람이 외할머니라고 생각했던 것이다.

공격적인 표출(Acting aut)행동

오랫동안 정우는 이 사건과 관련된 악몽에 시달렸다. 다른 사람을 신뢰하거나 누군가에게 자신의 고민을 털어놓기가 너무나도 두려웠다. 그는 마치 유령처럼 집안을 어슬렁거렸고 뭔가 잘못을 저지르면 엄마가 자기를 죽일까봐 공포에 떨었다. 이런 정우에게 학교는 곧 구원처가 되었다. 그러던 그가 열 살이 되자 나쁜 행동을 보이기 시작했다. 문제행동을 일삼는 정우 때문에 선생님과 친구들은 미칠 지경이었다. 그에게 중요했던 것은 오로지 학교에서는 맘대로 할 수 있다는 것뿐이었다. 학교에서는 자기 마음대로 굴어도 집에서와 같이 심하게 처벌받지는 않았다.

그러나 정우가 열한 살이 되자 지금까지는 그저 까불대기만 하던 행동이 공격적이고 가학적인 행동으로 바뀌었고 문제가 정면으로 돌출되기 시작하였다. 그러던 어느 날 같은 반 친구들과 싸움이 붙어 정우가 아이들을 시퍼렇게 멍이 들도록 때린 일이 발생했다. 교실에서 그런 사건이 발생하자 정우는 정학 처분을 받았으며 결국 한 시설에 수용되고 말았다. 내가 그를 만났을 때는 시설에서 생활한 지 3년이 지난 때였다. 당시 정우의 아버지는 교도소에 수감되어 있었고 이후로 6년간 집행유예를 신청할 수 없는 상황이었다. 엄마는 정우에 대한 책임을 수용시설에 전가한 채 정우와 수용시설 모두로부터 거리를 두기 시작했다.

정우의 행동이 계속해서 악화되던 무렵 내 주의를 끈 한 가지 사건이 발생했는데, 그것은 정우가 내 사무실로 오던 중 우리 여직원의 목을 조른 일이었다. 공포에 질린 여직원은 자기 목을 감싼 채 내게 달려 왔다. 정우는 그냥 '장난' 좀 친 것뿐이라고 말하면서 따라 들어왔다. 나는 정우가 무척 거친 아이라는 것을 알았고 그가 이 상황에서 몸부림쳐 달아나려 할 때 현실을 직시하도록 단단히 붙들어 매야겠다고 생각했다. 내가 정우에게 사과하라고 하자 정우는 여직원이 '겁쟁이'라고 투덜대면서 자기는 단지 재미로 그렇게 한 것뿐이라고 했다. 끝내는 자기가 여직원의 목에 남긴 자국을 보고 나서야 사과를 했다.

정우는 학대적 환경에서 자라났기 때문에 다른 사람에게는 수용될 수 없지만 심각하게 문제시되기 전까지는 대수롭지 않다고 여기는 행동을 종종 범해 왔다. 정우는 내가 직접 현관으로 가서 자기를 데리고 사무실로 돌아온 것에 대해 기분이 상하기는커녕 오히려 신이 났다. 치료실 안에서는 아무런 행동도 보이지 않았고 나만 쳐다보고 있었다. 그는 이것을 자신의 위세로 여겼고 이것은 곧 다른 사람의 관심을 끌고자 한 그의 욕구를 충족시킨 것이 틀림없었다.

4장에서 언급한 바와 같이 정우는 유머를 좋아했기 때문에 나는 그를 치료하는 과정에 유머를 자주 활용하였다. 농담을 건네거나 정우가 좋아하는 재미있는 이야기를 하는 것이 긴장을 푸는 데 도움이 되었고 보다 강도 있는 치료를 실시할 수 있는 길을 열었다. 그는 또 유머를 건설적으로 활용하는 법도 알게 되었다. 나는 정우로 하여금 평범한 십대들의 행동으로 받아들여질 만한 것이 무엇인지를 파악할 수 있도록 지속적으로 지도하였다. 비록 낄낄대고 진지하지 못한 듯 보이기도 했지만 정우는 내가 말하는 바를 재빨리 간파하였다. 정우는 내가 만난 아이들 중에 자신이 가장 나쁜 아이가 아닌지 묻곤 했다. 나는 모든 아이들이 문제를 가지고 있으며, 정우에게도 그만의 문제가 있기는 하지만 그는 여전히 특별한 사람이라고 답해 주었다. 나의 자상한 태도가 그에게 많은 영향을 끼쳤다. 내가 관심을 더 많이 보일수록 정우의 행동은 더 나아졌다. 요컨대 정우를 위한 따뜻하고 안전한 치료의 분위기가 조성된 것이다.

행동의 변화

정우는 학교생활을 잘해 나가기 시작했고 기타를 배우고 싶어 했다. 나는 기타 강습을 주선해 주면서 정우에게 책임감 있게 행동할 것과 자기 용돈으로 강습비를 지불하도록 했다. 정우가 자신의 정서를 적절히 다스릴 줄 알게 되자 현재 거주하고 있는 시설에서도 그에게 더 많은 특권을 허용하였다. 우리는 정우에게 성형수술을 주선하여 입 주위의 상처를 치료받도록 했다. 담당 정신과 의사도 정우의 자기통제력을 보고 나만큼이나 놀라워했다. 정우는 자기 자신을 사랑할 뿐 아니라 수용될 만한 행동과 그렇지 못한 행동에 대한 분명한 한계를 설정할 수 있는 성인으로서 내게 반응하고 있는 것으로 보였다.

첫 번째 치료 시간에 정우는 완전히 통제불능의 아이었던 것이 기억난다. 내 사무실로 뛰어들어 왔다 뛰어나가며 사무실 문을 쾅하고 닫았으며 복도 끝 안내 데스크에 앉아 있던 여직원에게 소리를 질러대며 그녀를 두려움에 떨게 했다. 이는 여러 가지로 혼란스러운 그의 집안 분위기를 반영한 것이었다. 도대체 그와 같은 행동으로 무엇을 얻을 수 있는지 물어보자 정우는 농담 반 진담 반으로 자기와 같은 청소년들은 원래 품행이 불량하기 마련이라고 익살을 떨었다. 나는 다른 사람을 고통스럽게 하거나 상처를 입히는 그 어떤 행동도 용납하지 않겠다고 단호히 경고했다. 시간이 지날수록 정우는 자기 행동을 통제하는 법을 배워 나갔다.

정우의 가장 간절한 바람은 밴드부 단원인 그의 형 정수를 만나는 것이었다. 정우가 기타를 치고 싶어 한 것도 정수를 존경하고 형과 같은 사람이 되고 싶었기 때문이다. 그래서 나는 정수가 좋은 역할 모델이 될 수 있음을 간파하여 정수에게 전화를 걸었다. 그 후로 두 형제는 서로 편지를 주고 받았다.

전이

나는 정우가 나에 대해 매우 긍정적인 감정을 가지고 있음을 알고 있었다. '전이' 라는 말은 내담자가 치료자에 대해 느끼는 모든 감정을 일컫는 광범위한 의미로, 때로는 부적절하게 쓰일 때도 있다. 내가 그와의 관계에서 받은 첫 느낌은 불신이었다. 과거에 내담자의 신뢰가 배반당했다는 점에서 이런 관계가 '전이적 측면' 을 갖는다고 할 수도 있는데 이는 매우 자연스러운 것이었다. 어떤 경우라해도 그와 같은 감정을 표면 위로 끌어 올려서 다루는 것이 중요하다. 치료자라는 것만으로 반드시 신뢰받는 것은 아니라는 점을 흔쾌히 수용함으로써 신뢰를 생기게 할 수도 있다(Malan, 1979).

정우는 간혹 자기 엄마의 얘기를 꺼냈고 엄마를 만나고 싶다고 말했다. 나는 정우가 꽤 먼 거리에 살고 있는 엄마를 찾아갈 때 같이 가주기로 약속했다. 정우는 웃으면서 내가 자기를 위해서라면 무엇이든 할 것 같다고 했다. 나도 따라 웃었다. 정우가 나에 대해 느끼는 감정과 그 정도가 과거에 그가 만난 누군가로부터 전이된 것이라는 말로 표현하기 어려운 증거를 감지했다. 내가 보기에 그 누군가는 외할머니일 수도 있고 그의 누이일 수도 있었다. 그러나 나는 그와 같은 전이를 직면하고 그것을 적절히 다루기 위해 상당한 정도의 안정감과 자기 지식이 필요하다고 느꼈다. 내 경우에는 이것이 오랫동안 깊이 파묻혀 온 특정 감정들을 다룰 수 있게 하는 중요한 치료 수단이 되었다. 드디어 정우는 치료를 모두 마치고 집으로 돌아갔다. 그런데 그날 오후 다섯 시쯤 정우가 다시 돌아와서는 뭔가 중요한 걸 물어보고 싶다고 했다. 열네 살난 정우가 나를 뚫어지게 쳐다보면서 머리를 묶지 말고 길게 풀고 저녁 때 자기와 함께 식사하러 가지 않겠냐고 제안했다. 이와 같은 이성적인 접근에 솔직히 깜짝 놀랐지만 재빨리 냉정을 되찾았다. 성적인 감정은 내담자가 치료자에게 가질 수 있는 강렬한 감정 가운데 하나일 뿐이다. 이러한 감정은 언어적 표현에 한정된 것이며 과거나 현재로부터 그 기원을 찾아봄으로써 잘 다룰 수 있다.

전이라는 것이 원래 치료에 지장을 주고 필요악적인 것으로 여겨짐에도 불구하고 이제는 내담자를 이해하고 분석하는 데 중요한 수단으로 여겨지고 있다(Malan, 1979). 그 이유는 치료자의 눈 앞에서, 즉 '지금 여기'에서 과거의 갈등이 발생하고 재생되기 때문이다. 그러나 무엇보다도 놀라운 일은 성에 대해 알고 싶은 것이 있는지 물어보고 해부학에 관한 책을 같이 보자고 제안하는 식으로 바로 대처한 것이다. 이번엔 그가 허를 찔린 것이다. 그는 곧바로 거절했고 서둘러 치료실을 떠났다. 정우가 내게 그런 말을 한 것은 그것이 처음이자 마지막이었다. 나는 당시 정우의 감정이 전이된 감정이라는 것을 잘 알고 있었다.

돌이켜 보면 정우가 나를 자기 누나 정미와 계속 비교했던 것을 알 수 있었다. 그는 나를 자기 누나, 즉 베풀고 보살피며 믿음을 주는 사람으로 보았다. 내게 이성적인 매력을 보이고자 한 것은 호감이 가는 여성에 대한 지극히 평범한 반응으로 볼 수도 있다. 그러나 나는 그가 한 말 때문에 편치 않았다. 내 행동은 나에 대한 그의 감정이나 그의 성적 욕구에 관해 더 이상 어떤 논의도 하지 못하도록 묵살시키는 효과를 가져올 수도 있었다. 이 일이 있고 나서 그에 관한 생각이 정리되자 정우가 나에 대해 가지고 있는 긍정적인 느낌이 그의 성장에 도움이 되도록 활용했다.

할머니가 돌아가신 다음 정우를 주로 돌봐 준 사람은 누나였지만, 정우는 그래도 자기 엄마를 사랑한다고 종종 말했다. 정우는 엄마라는 존재는 어머니는 아이를 낳고 그 아이를 세상에 내보내는 책임을 지므로 엄마가 아이에게 어떻게 하든 괜찮다고 방어적으로 덧붙이면서 모든 아이들은 부모를 사랑해야 한다고 설명했다. 나는 정우가 어떻게 해서 그런 생각을 갖게 되었는지 의아했다. 그런 생각이 자신의 얼굴을 영원히 망쳐 놓은 엄마를 받아들이는 데 도움이 될지 의문이었다. 이와 비슷한 다른 사례에서와 마찬가지로, 엄마를 만나고 엄마를 즐겁게 해 주고 싶은 이 희생양 청소년의 욕망은 매우 강렬했다.

가정방문

기나긴 대화를 마친 후 가정방문을 하기로 결정했다. 정우의 엄마는 오래된 벽돌집에서 살고 있었다. 그녀는 큰 눈과 하얀 피부가 돋보이는 미인이었다. 정우가 엄마의 잘생긴 외모를 전혀 닮지 않았다는 것 그리고 그것이 그를 괴롭혀 왔다는 사실을 알게 되자 마음이 무거웠다. 우리가 집안에 들어갔을 때 정우 엄마는 내게 말을 건넸고 정우를 쳐다보기는 했지만 2년 만에 보는 자기 아들을 안아 주려고도 하지 않았다. 엄마는 마치 정우가 학교에나 다니고 있는 것처럼 별 걱정 없이 그에게 잘 지내고 있는지 물어보았고 이내 화제가 끊기고 말았다. 정우의 누나 정연이를 제외한 나머지 아이들은 영영 집을 떠난 상태였다. 두 명의 아이들은 집에서 가까운 곳에 결혼해 살고 있는 정미와 함께 지내고 있었다. 정연이는 엄마의 미모를 닮은 매력적인 십대 미혼모였다. 우리가 찾아갔을 때 그녀는 엄마가 시킨 집안일을 하려던 참이었다. 정연이는 남동생을 바라보고 기분 좋은 웃음을 지었다. 이따금씩 분노에 찬 얼굴로 엄마를 노려보곤 했다.

정우의 엄마는 우리를 부엌으로 데려갔다. 정우는 가만히 앉아 있지 못하고 주위를 서성거렸다. 정우 엄마는 우리에게 우유를 마시겠냐고 물어보았다. 정우는 우유를 마시지 않으려 했다. 나는 정우 엄마가 냉장고 쪽으로 가서 우유를 꺼내 통째로 마시고는 다시 냉장고 안으로 집어넣는 것을 불길한 느낌으로 지켜보았다. 함께 있는 동안 그녀는 냉장고로 가서 우유를 더 마셨다. 마치 필사적으로 자신을 채우고자 하나 결코 채워질 수 없는 텅 빈 그릇 같았다. 정우 엄마는 자기 아이들에 대해 좋게 얘기했는데 그 중 음악 밴드부 부장인 정수에 대해 유독 그랬다. 엄마는 정우를 쳐다보고는 아들을 향한 파괴적인 성향의 씨앗이 여전히 남아 있기나 한듯 한숨을 내쉬었다.

정우에 대해 어떤 계획이라도 가지고 있는지 물어보자 엄마의 안색이 분노와 고통으로 변하면서 어두워졌다. 엄마의 내부에서 희생양을 만드는 가해자적인 특성이 밖으로 표출되었다. 엄마는 정우가 태어난 이후로 자신의 결혼생활에 문제가 발생했고 지금 정우 아빠는 감옥에 가 있노라고 괴로움에 찬 목소리로 말했다. 친정어머니의 죽음에 대해서는 자세하게 얘기하지 않았다. 그녀는 마음 한켠에서 자기 결혼생활의 모든 문제를 정우 탓으로 돌리는 유아적인 사람으로 보였다. 나는 툭 터놓고 간단명료하게 얘기를 나누고자 했다. 엄마의 말이 영 믿기지 않았지만 그런 의심을 억누르면서 학업과 기타 교습을 포함해 정우의 나아진 모습에 대해 얘기하고자 애썼다. 그러나 엄마는 냉정하게 침묵만 지킬 뿐이었다.

피상적인 화제 말고는 도대체 정우가 엄마와 이야기할 수 있는 것이 없었다. 겉으로 드러난 엄마의 모습은 정우 때문에 상처받고 공격받아 온 사람의 모습이었다. 사실 정우가 보인 행동의 상당 부분은 혼란스럽고 정서적으로 심하게 스트레스를 받아 온 가족 상황의 결과였다. 나는 진심으로 그들 모자 관계가 회복되기를 바랐기에 교통비를 지원해 주겠다고 약속하면서 정우가 거주하는 수용시설에서 개최하는 어머니 회의에 정우 엄마를 초대했다. 엄마는 내 제의를 단호히 거절했다. 엄마가 보여 준 분명한 메시지는 아들의 귀가를 바라지 않는다는 것이었다. 함께 살고 있는 딸과의 사이에도 문제가 있는 것 같았지만 엄마는 정우가 문제인 것으로만 보는 듯했다. 자기 자신의 문제임에도 불구하고 정우를 탓하면서 계속해서 자기 아들을 배척하고 거부하는 엄마를 보는 것은 씁쓸한 경험이었다. 기관에서와는 딴판으로 정우가 아주 조용히 있었기 때문에 이 아이가 얼마나 많은 정보를 받아들였는지 확신할 수 없었다.

엄마는 정우를 받아들일 준비가 되어 있지 않다는 뜻을 은근히 내비친 다음 우유를 마시러 냉장고 주위를 계속해서 왔다갔다 했다. 정우는 전에 자기가 쓰던 방을 보려고 자기 방으로 들어갔고 나는 이제 그만 돌아가야겠다고 생각했다. 정연이는 엄마에게 화가 난 것이 분명했지만 엄마를 선선히 따랐으며 저만치 떨어져서 정우에게 다가오지 않았다.

집에서 나올 때 아무렇지도 않은 척하는 정우에게 마음이 쓰였다. 엄마는 열린 창문 틈으로 머리를 내밀고는 취직하면 집에 들어와서 살 수 있다고 정우를 향해 말했다.

우리는 지하철 역으로 묵묵히 걸어갔고 나는 치료과정에서 이 상황을 어떻게 다룰 것인가를 놓고 고심했다. 이번 가정방문이 역효과를 내지는 않을까 걱정스러웠다. 내 마음은 정우에 대한 가책으로 가득했다. 수용시설로 돌아오는 길에 둘 다 침묵을 지켰다. 정우는 엄마가 자기를 잘 안아 주지 않은 것에 대해 엄마는 늘 그런 식이라고 했고, 그렇지만 취직하면 집으로 돌아오라고 말했을 때 엄마가 자기를 사랑한다는 것을 알았다고 말했다. 내 생각은 달랐지만 그에게 말하지는 않았다.

치료센터로 돌아온 다음 그의 행동은 예상대로 더 악화되었다. 그는 교사와 마찰을 빚었고 내 관심을 끌기 위해 부정적인 방법으로 할 수 있는 온갖 일을 저질렀다. 성질을 부리고 아이들과 주먹다툼을 벌였는데 내가 그런 행동을 보고도 자기를 거부하지 않자 놀라운 시선으로 나를 바라보았다.

정우의 엄마를 생각해 보면 말로는 아들이 자신을 먹여살리면 데려가겠다고 했지만 그녀의 냉정하고 비난에 찬 모습은 동시에 전혀 다른 이야기, 즉 정우가 계속 희생양이 될 것이라는 것을 전하고 있었다. 유감스럽게도 정우 엄마는 치료를 받을 준비가 되어 있지 않았다.

앞으로의 계획

정우가 열여섯 살이 되었을 때 우리는 독립적인 생활을 위해 그를 그룹홈으로 보낼 계획을 세웠다. 나는 계속해서 정우와 그의 형 정수 사이에 싹트기 시작한 좋은 관계를 격려해 주었다. 그들은 전화를 통해 서로 이야기하는 것을 즐기게 되었다. 마침내 정수가 정우를 보러 왔다. 나는 정우가 정말로 좋아하는 형과의 관계를 발전시키는 것이야말로 그가 받을 수 있는 최고의 선물이라고 확신했다.

정우의 삶에는 아직도 끝나지 않고 해결되지 않은 수많은 문제들이 있었다. 가장 큰 문제 가운데 하나는 다섯 살 이후로 아버지와의 접촉이 두절되었다는 것이었다. 그러나 가장 심각한 문제는 진전이 없는 엄마와의 관계였다. 이것이 그를 계속해서 괴롭혔다. 때로 정우는 엄마의 행동을 방어하고자 했는데 이는 희생양이 된 사람이 보이는 또 다른 특성 가운데 하나였다. 정우는 오랫동안 치료를 받은 후에야 비로소 엄마가 준비되어 있지 않다면 이 문제를 극복할 수 없으며 이런 일이 일어날 수도 있고 일어나지 않을 수도 있다는 사실을 이해하고 받아들이고자 했다.

내게는 정우의 마지막 치료 시간이 너무나 고통스러웠다. 정우의 치료 목표는 가족 안에서의 희생양 역할과 그것이 다른 상황으로까지 이어지게 되는 것을 정우가 이해하고 극복하도록 도와주는 것이었다. 나는 정우가 잃어버린 사랑을 메워줄 수 없었다. 다만 그런 사랑을 받아보지 못한 것과 관련하여 그가 지니고 있는 감정을 헤쳐나가도록 도움을 주는 일에 부분적으로 성공을 거두었을 뿐이었다.

2. 연아 가족에 대한 종단적 관점

평범한 여성

스물여덟 살의 연아는 흰 피부에 키가 크고 마른 여성이었다. 나는 연아와 인사를 나누기 위해 잠시 치료실 밖으로 나왔었는데, 치료실 밖에서 나를 기다리는 연아의 모습은 벽 속으로 사라진 듯한 모습이었다. 그녀는 지나칠 정도로 평범해 보였다.

연아는 치료실에 들어와 자신이 이곳에 오게 된 단 하나의 이유에 대해 말했다. 예전에 다른 곳에서 나를 본 적이 있었는데 그때 한번 만나봐야겠다고 생각했다는 것이다. 나는 이러한 자신감의 표현이 좋았다. 이렇게 해서 나와 연아 사이의 여정이 시작되었다.

연아는 6남매 가운데 장녀였으며 위로 오빠가 하나 있었다. 연아는 자기 아버지를 가리켜 무참히 가족 위에 군림해 온 늙고 고압적인 뱃사람이었다고 묘사했다.

연아의 어머니는 아버지보다 스물두 살이나 어렸다. 아버지와 어머니는 중국에서 만나 결혼했다. 연아는 아무런 감정 없이 자신의 가족사에 대해 이야기해 나갔다. 그러다가 어머니에 대해 털어놓기 시작하자 그녀의 목소리에 다소 생기가 돌았다. 연아는 자기 어머니를 '엘리자베스 테일러' 만큼이나 아름답다고 묘사하면서 어머니가 자신의 미모를 써먹는 법을 잘 알고 있었다고 덧붙였다. 아버지는 선상 생활로 오랫동안 집을 떠나 있었고 어머니가 아이들을 돌보았다. 아버지가 정기적으로 돈을 부쳐 왔지만 어머니는 사회생활을 잃어버린 상실감에 빠져 있었다.

혼란스러운 가정 분위기

연아는 어머니가 아버지와 결혼한 것은 어리석은 일이었으며, 아버지는 제아무리 애를 써도 어머니를 만족시켜 줄 수 없는 늙은이였다고 말했다. 그러면서 자신이 어렸을 때부터 줄곧 어머니가 아버지에 대해 부정적으로 얘기해 온 것을 기억해 냈다. 어머니가 아버지와의 결혼생활을 계속 유지해 온 유일한 이유는 두 사람의 결혼을 통해 친정 동생들과 숙모들이 한국으로 이민을 올 수 있었기 때문이었다. 연아 엄마는 그것으로 만족했다.

연아는 여섯 살 무렵에 겪은 고통스러운 일을 기억하고 있었다. 아버지에 대한 첫 회상은 그가 화를 잘 내는 사람이었고 주변을 쥐

죽은 듯 조용하게 만드는 훈육주임 같은 인물이었다는 것이다. 아버지는 어머니 주위를 맴돌며 고함을 질러댔고 어머니에게 명령을 하곤 했다. 모든 것이 제자리에 놓여 있어야만 했다. 다른 무엇보다도 연아가 분명히 기억하는 것은 다른 사람과 화합할 수 없을 때 아버지가 화를 낸 것이었다. 연아는 아버지에 대해 생각할 때 이런저런 이유로 자기에게 화를 내는 사람, 평생 동안 연아처럼 못생긴 아이는 본 적이 없었다고 늘 얘기하는 사람, 그래서 연아의 아픈 곳을 찌르고 그녀를 희생양으로 만든 사람으로 아버지를 기억했다. 연아는 어릴 때부터 자신이 비난받고 있다고 느끼기 시작했다.

아버지는 연아를 몹시 때려 주고는 싶은데 연아가 너무 못생겼기 때문에 도대체 어떻게 해야 할 바를 모르겠노라고 비꼬아대곤 했다. 도저히 연아의 얼굴을 눈뜨고 봐 줄 수 없다고 분노에 찬 불평을 쏟아내면서 때로는 식사 도중에 연아에게 자리를 뜨라고 명령하기도 했다. 잠자리에 들어 울고 있어도 누구 하나 그녀를 달래 주러 오지 않았다고 연아는 여러 차례 말했다. 종종 부모들이 싸우는 소리가 들렸는데 어머니가 울기 시작하면 이내 싸움이 잦아들곤 했다. 그런 일이 있을 때면 아버지는 술집에서 술을 마시며 한참 동안 집에 들어오지 않았다. 연아는 아버지가 선상 생활로 가정을 들락날락했던 사람으로 기억했다.

시간이 흐르자 연아는 어머니에게 여자 남자 할 것 없이 친구가 많다는 것을 알게 되었고 동생들이 잘못되지 않도록 계속 지켜봐야 했다. 친구들이 찾아오면 어머니가 연아에게 주의를 주곤 했다. 전화가 오거나 동생들이 물어보면 엄마 친구가 와 있기 때문에 최선을 다해 착한 행동을 해야 한다고 설명해 주라는 것이었다. 후에 어머니는 이틀이 멀다하고 아이들 이모부에게 아이들을 맡기고는 친구

제5장 희생양 자녀의 치료 사례

들과 함께 외출을 하였다. 그리하여 실업자였던 이모부가 집으로 와서 연아와 동생들을 돌보곤 했다.

연아의 모습

여기서 잠시 내담자에 대해 치료자가 받은 느낌을 말하고자 한다. 나는 그녀가 참 안됐다고 생각했다. 연아는 자기 인생을 잃어버린 것처럼 보였다. 그녀가 피해를 본 면이 너무나도 선명히 드러났다. 사실 연아가 투사한 태도를 볼 때 뭔가를 숨기려 하는 것처럼 보였다. 연아의 감정은 늘 무뎠고 입에서 나오는 말들은 모두 그녀 자신을 뱉어 내는 것 같았다. 그녀가 자신에 대해 이야기할 때 뭔가 빼놓은 것이 있었다. 치료를 하면서 연아가 무엇인가를 피하고 있음을 직관적으로 느꼈다. 그래서 그녀의 삶에서 의미 있었던 문제를 전부 털어놓아야 최선을 다해 그녀를 도와줄 수 있다고 말했다. 그러자 연아는 이모부를 좋아하지 않았다고 말하고는 고개를 떨구었다. 그녀는 자기 삶의 문제에 대해 담담히 말했다. 치료가 끝날 때쯤 다음 주에 다시 만나기로 약속했다. 연아는 내게 편지를 쓰겠노라고 말했다. 그래서 다음 주에 다시 만나기로 했는데 굳이 편지를 쓰려고 하는 이유를 물었다. 연아는 살며시 웃으면서 뭐라고 중얼거리고는 치료실을 나섰다.

편지

그로부터 몇 주가 지난 다음 연아의 편지를 받게 되었다. 편지를 통해 그녀는 예전에도 치료를 받아 본 적이 있었지만 너무나도 고통스러워서 중도에 그만두었었노라고 설명했다. 편지 말미에는 그녀가 다섯 살 때부터 열여섯 살 때까지 이모부와 근친상간 관계에 있었다는 사실이 적혀 있었다. 이것이 곧 연아가 고등학교 졸업과 동시에 집에서 쫓겨나고 경제적인 지원도 받지 못한 이유 가운데 하나였다.

다섯 번째 치료 시간에 연아는 두통을 호소하면서 기분이 우울하다고 했다. 연아에게는 옷을 차려입고 치료실로 오는 것이 끔찍한 일이었다. 연아는 주야간 교대로 근무하는 직장에 다니고 있었고 그것이 건강에 지장을 초래하고 있다고 했다. 새 직업에 대한 간단하지 않은 적응 문제와 아울러 우울증을 가중시키는 미결의 가족 상황이 연아 인생의 주된 스트레스였다. 연아가 자신이 쓴 편지에 대해 언급하지 않았기에 내가 먼저 말을 꺼냈다. 그녀는 울기 시작했고 자기가 쓴 편지에 대해 어떻게 생각하는지에 대해 겁먹고 무기력한 자세로 물었다. 연아가 물어 본 것은 편지에 대한 것이었지만 그녀의 목소리는 과거의 '나쁜 행실'로 인해 내가 자기를 거부할지도 모른다는 두려움을 드러내고 있었다. 그래서 조심스럽게 당시 연아의 기분이 얼마나 비참했을지, 그리고 그 일에 대해 다른 사람과 얼굴을 마주하고 대화하고 싶지 않은 마음을 이해할 수 있다고 말해 주었다. 그리고 어렸을 때 벌어진 일에 대한 책임이 연아에게 있다고 생각하지 않는다고 얘기했다. 본 치료의 목적이 그녀로 하여금 자신의 삶을 전과 다르게 그리고 의미 있게 다루도록 돕는 것이라는 점과, 내가 그녀의 인생을 판단하고자 하는 것이 아니라 돕기 위한 것이라는 점을 다시금 확신시켰다.

그녀는 머뭇머뭇하며 근친상간에 대해 털어놓기 시작했다. 그러나 얼마 지나지 않아서 자신의 이야기를 단숨에 마쳐야만 하는 듯이 내가 자기에게 도움이 될지 확신하지 못한 것처럼 폭풍처럼 말들을 쏟아 냈다. 연아는 어머니가 집에 있는 날이 거의 없었고 집에 있을 때면 언제나 바빴다고 말했다. 아이들의 보모 노릇을 했던 이모부는 항상 어두웠던 곳으로 기억되는 계단 밑으로 연아를 끌고가 성폭행을 했다. 그리고 나서는 말썽이 될 수 있으니 아무에게도 말하지 말라고 했다. 연아는 부모가 늘상 다투는 것을 잘 알고 있었고 이 일을 폭로할 경우 집안이 풍비박산될 것이 두려웠기에 이모부의 말에 따랐다.

부부갈등

한편 연아의 어머니는 남편과의 사이에서 문제가 있을 때마다 명백히 부모화된 아이였던 연아에게 달려가 남편에 대한 불평을 해댔다. 2장에서 설명한 대로 세대 간 경계선의 불명료함이 '부모화'로 표현될 수 있다. 이는 부모의 욕구를 충족시켜 주는 자녀의 능력을 바탕으로 자녀가 부모를 지배하는 힘을 갖게 되는 부모 자녀 간의 역할 전도를 뜻한다. 이러한 욕구는 사실 부모 자신의 부모를 향한 충족되지 못한 오래된 바람과 욕망일 수 있다. 자신의 가치에 대한 부모의 소진된 기분을 새롭게 하고 부모를 보호하며 형제자매를 돌보는 일이 자녀에게 위임되는데, 자녀가 부모에 대해 충성심을 느낄 때 그와 같은 역할을 수행하게 된다.

연아가 바로 그런 경우였다. 연아는 어머니의 보호자이자 둘도 없는 친구였다. 어머니는 아버지가 나쁜 사람이기 때문에 그와 이혼하기를 학수고대하고 있다고 딸에게 대수롭지 않게 이야기했다. 어머니는 자신이 남편에 비해 너무 젊기 때문에 젊은 남자와 어울릴 수밖에 없다고 계속 불평을 늘어놓았다. 연아는 아버지에 대한 어머니의 탄식에 익숙해져 있었고 어머니가 왜 그런 고통을 참고만 있는지 의아할 뿐이었다. 모녀지간에 강력한 세대 간 결탁이 형성된 것이다. 이 가족의 경우 부부간의 문제가 제대로 해결되지 않았고, 어머니는 아버지를 주변적인 인물로 만들거나 과잉통제적인 인물로 만들면서 남편에 대항하는 연합전선에 연아를 끌어들였다(Minuchin & Fishman, 1981). 연아는 어머니의 문제에 대해서는 매우 감정이입적으로 반응한 반면 아버지에 대해서는 일체 아랑곳하지 않는 것 같았다.

피해자 연아

하루는 부모가 다투는 중에 연아가 놀랄 만한 일이 일어났다. 여덟 살밖에 안된 연아도 제 아버지를 좋은 사람이 아니라고 생각하고 있으며, 심지어는 부모가 계속해서 같이 살아야 하는지 의아해 하고 있다고 지극히 충동적인 연아의 어머니가 싸움 중에 남편에게 말해 버린 것이다. 이는 사실이 아니었지만 곧바로 아버지는 부엌에 앉아 있던 연아에게 달려와 연아를 때리기 시작했다. 엄마가 끼어들어 말렸지만 그때는 이미 연아가 멍이 들도록 두들겨 맞은 뒤였다. 막연히 아버지가 자신을 싫어한다는 생각은 하고 있었으나 이제는 확실한 증거가 생긴 셈이었다. 여기까지 이야기를 마친 연아가 울음을 터뜨렸다. 연아는 이런 아버지를 참아 온 어머니를 안쓰럽게 느꼈다. 그리고 어머니가 이야기를 꾸며낸 것이나 다른 어떤 이유로도 어머니를 비난하지 않았다. 연아가 자기 어머니를 티끌만한 결점도 없는 사람으로 본다는 것이 믿기지 않을 만큼 놀라웠다. 연아를 보면 그녀가 자신을 어머니의 구원자로 생각하고 있는 것이 분명했다. 어머니는 이 역할을 딸에게 무의식적으로 떠맡겼고 연아는 기꺼이 어쩌면 무의식적으로 이 역할을 수행했을 것이다. 연아는 부모화된 자녀로서 어른들이 감당해야 할 많은 책임을 감당했다. 연아는 무기력한 시선으로 나를 바라보면서 어머니는 아버지보다 훨씬 젊었고 아버지로부터 보호받아야 했다는 말을 무덤덤하게 되풀이했다. 연아는 가족의 짐을 짊어진 짐꾼이자 가족의 희생양이었던 것이다.

연아와 다른 가족 간의 관계는 어떠했을까? 아버지는 연아가 있는 방에 들어올 때마다 그 못생긴 얼굴을 도저히 볼 수 없으니 방에서 나가라고 명령했다. 연아가 다른 형제들과 거실에 앉아 있노라면 연아가 방을 엉망으로 만들고 있다면서 연아를 거실 밖으로 내쫓았다. 연아가 아버지에 대해 기억하는 것은 아버지가 그녀를 계속해서 '못난이'라고 불렀다는 사실이었다.

연아는 몇 분간 말없이 있더니 울기 시작했다. 나는 방해하지 않았다. 연아는 아버지가 자신을 좋아하지 않았으며 이모부가 번번이 자신을 성폭행했기 때문에 그녀는 자기 자신을 추하다고 느낀다는 말을 덧붙였다. 연아가 나를 똑바로 쳐다본 몇 번 안되는 경우 가운데 하나가 바로 자기가 정말 못났다고 얘기할 때였다. 그녀가 말하는 '추함'이란 연아가 자신의 성격으로 내면화해 온 부정적인 신체상의 일부였다. 그녀는 이모부가 자신에게 저지른 행위를 증오했지만, 어머니가 너무 연약하다고 느꼈기 때문에 어머니에게 알리지 못했다고 이야기를 이어 갔다. 연아는 이모부를 피해 보려고도 했지만 집안에 자기와 이모부만 있었기 때문에 그렇게 할 수 없었다. 이모부는 오빠를 밖으로 심부름 보내거나 동생들을 마당으로 내보내 놓게 하였다. 이모부는 자신이 원하는 것을 얻는 데에는 너무나도 영리했으므로 그가 있는 동안 연아는 자기 집에서조차 어떠한 일도 자기 뜻대로 할 수 없다고 느꼈다.

하루는 이모부가 와서는 어머니가 집안에서 다른 남자와 정사를 나누고 있다며 빈정거렸다. 연아는 어머니에게 남자친구가 많은 것은 알고 있었지만 어머니가 아버지에 대해 신실하지 못하다고는 결코 생각하지 않았다. 연아는 이모부의 말을 믿지 않았고 그의 말이 거짓이었음을 확인하고픈 마음에 서둘러 2층으로 올라갔다. 그러나 끔찍하게도 엄마는 낯선 사람과 한 침대에 누워 있었다. 연아는 소스라치게 놀라 방에서 뛰쳐나오며 울기 시작했다. 나중에 어머니는 연아에게 아버지가 너무나도 잔인한 사람이라 싫었고 침대에 같이 있었던 사람과 결혼하고 싶다고 말했다. 연아는 어머니의 처신이 가족을 위해 좋은 것이었다고 설득을 당했다.

어머니의 단짝

그때부터 집안에서 연아의 역할이 달라졌다. 날이 갈수록 연아는 점점 더 어머니의 단짝이 되었고 어머니, 어머니의 애인과 영화를 보러 가거나 다른 일로 함께 외출을 했다. 어머니가 한 남자에게 싫증을 느끼면 곧 다른 남자가 등장했고 똑같은 일이 반복되었다. 이런 이야기를 하면서 연아는 어머니가 더 나아지기를 바랐기 때문에 다른 남자와 함께 외출한 것이 잘못된 일이 아니라고 앵무새처럼 반복하면서 어머니와 어머니의 행동을 옹호했다. 연아는 놀라우리만큼 희생양 역할을 잘해냈다. 언제나 어머니의 잘못을 수용하는 쪽으로 치우쳐 있었지만 자기 자신의 행동에 대해서는 어떠한 잘못도 용서하지 않았다. 어머니에 대한 연아의 지지는 실로 놀라운 것이었다. 심지어 어머니가 연아 자신에 대해 사실과 거리가 먼 이야기를 아버지에게 했을 때조차 아버지가 폭군 같았고 무서웠기 때문에 그랬던 것이라고 하면서 어머니의 행동에 대해 변명할 구실을 찾곤했다. 반면 아버지는 온갖 악을 한 몸에 지니고 있는 사람으로 여겼다. 이것은 연아의 양면적인 성격, 곧 가해자인 동시에 피해자인 특성과도 매우 흡사했다. 즉, 아버지는 잔인한 가해자였고 어머니는 학대받는 피해자였다. 연아는 치료 과정 내내 어머니에 대해서는 단 한 번도 부정적인 언급을 한 적이 없었다. 사실 어머니에 관한 한 지나치게 방어적이었다. 내가 연아에게 어머니에 대해 부정적인 이야기를 해보도록 조금이라도 유도할라치면 이내 맹렬하게 저항했는데 몇 분 뒤에는 자기 어머니를 잘 알지 못한다는 이유로 나를 용서했다.

언젠가 아버지가 승선 근무를 마치고 집으로 돌아왔을 때였다. 당시 어머니는 임신 중이었는데 연아는 뱃속의 아기가 아버지의 아기가 아닐 수 있다고 이웃들이 수근대는 소리를 들었다. 막내 여동생과 남동생은 식구들을 전혀 닮지 않았기 때문에 연아는 이 소문이 사실일 거라고 믿었다. 어머니와 아버지의 끊임없는 마찰과 갈등을 지켜본 연아는 부모가 이혼하길 바랐지만 그런 일은 일어나지 않았다.

어느 날 아버지가 집에 있을 때 연아와 오빠가 크게 싸운 적이 있었다. 오빠는 화가 나서 어머니가 다른 남자들과 외출할 때마다 연아가 따라다닌 것을 아버지에게 이르겠다고 소리쳤다. 어머니의 남자친구들은 나쁜 사람들이고 연아는 어머니가 아버지에게 신실하지 못하도록 부추기고 있다는 것이었다. 연아는 공포로 겁에 질리고 말았다. 울면서 아버지에게 말하지 말라고 애원했지만 오빠는 충동적으로 그 사실을 고자질하였다. 연아는 이후의 파장을 생각하지 않고 구구절절 상세한 이야기를 털어놓았다. 그러자 설상가상으로 모든 잘못이 연아에게 돌려졌고 연아는 또다시 피해를 입었다.

처음에 아버지는 어머니를 억누르려 했다. 연아는 엄마와 함께 외출했던 자기에게도 책임이 있다고 생각해서 아버지와 어머니의 싸움에 끼어들었다. 연아가 아버지를 밀치자 아버지는 뒤돌아서 연아를 때리기 시작했다. 그리고 연아가 하루 빨리 집에서 사라져 버렸으면 좋겠다고 하면서 다시는 연아의 얼굴을 보고 싶지 않다는 말을 덧붙였다. 당시 연아의 나이는 열세 살이었다. 연아는 집에서 도망쳐 나오던 길에 마침 연아의 집으로 오고 있던 이모부를 만나게 되었다. 이모부는 연아를 위로하고는 자기 차로 데려가 그날 밤 내내 성적으로 유린했다.

연아는 이모부를 증오했지만 어느 누구에게도 그 사실을 털어놓을 수 없었다. 그녀는 덫에 빠진 것 같은 느낌이었다. 집안에서 일어나는 모든 문제에 대해 모두가 자기에게 손가락질하는 것만 같았다. 여동생들이나 어머니가 잘못을 했을 때도 비난을 받는 것은 연아였다. 연아는 이런 생활에 진력이 났다고 말하고는 예사롭지 않게 번뜩이는 눈빛으로 나를 쳐다보며 자기는 언제나 어머니를 위한 사람이어야 했다고 덧붙였다. 그것이 곧 연아가 집으로 돌아간 유일한 이유였다. 즉, 어머니에게 친구가 되고 지지자가 되어 주기 위해서였다.

근친상간의 종결

열여섯 살 무렵 연아는 이모부의 천박한 행실에 넌더리가 났다. 하루는 모든 사실을 폭로하겠다고 이모부에게 위협을 했다. 그러자 이모부는 두 사람 사이에 일어난 일에 대해서는 연아에게도 똑같이 책임이 있고 아무도 연아의 말을 믿으려 하지 않을 거라며 화를 내면서 대꾸했다.

연아의 열여섯 번째 생일에 엄마는 파란색 원피스를 사 주었다. 연아는 기분 좋게 그 옷을 입고 삶에 대해 깊이 생각하면서 그녀가 가끔 가서 앉곤 하는 집 근처 숲의 잔디밭으로 걸어가고 있었다. 연아는 자신을 감정이 예민한 사람으로 묘사했다. 그때 이모부가 다가와서는 "이봐 아가씨, 그 옷 어디서 났어?"라고 인사했다. 연아는 그에게 염증을 느꼈다. 그녀는 제 또래의 남자들과 어울리고 싶었고 그래서 이모부에게 혼자 있게 내버려 달라고 했다. 이모부는 다른 어느 누구도 그녀를 원하지 않기 때문에 자기가 말하는 것은 무엇이든 따라야 한다고 우겨댔다. 그리고 연아의 아버지가 반복해서 말했던 것처럼 그녀가 못생겼다는 말을 잔인하게 덧붙였다.

연아는 매우 화가 났다. 왜냐하면 이모부가 자기 아버지처럼 나쁜 사람이라고 느껴졌기 때문이다. 또한 그녀의 마음 한구석에는 이모부가 자신을 유린해 왔으며 연아가 다니고 있는 학교와 같이 적합하지 않은 장소에 늘 나타나서는 연아가 남자친구나 여자친구를 사귈 수 없게 한 것도 알고 있었다. 연아는 모든 사람들이 자신의 추한 꼴을 발견하게 될까 봐 당혹스러웠고 두려웠다. 이제는 이모부와의 관계를 청산해야 한다고 생각했다. 연아는 벌떡 일어나 이모부를 할퀴고 소리치며 울기 시작했다. 설마 집안에서 누군가가 이런 모습을 지켜보고 있으리라고는 생각지도 못했다. 하지만 그것은 연아의 착각이었다. 연아 어머니가 보고 있었던 것이다. 이전에도 이런 식으로 이모부와 싸운 적이 있었는지 어머니가 물어보자 연아는 전에도 몇 번 싸운 적이 있기는 했지만 드러내 놓고 큰 소리로 다툰 적은 한 번도 없었노라고 단호하게 답했다. 연아가 울부짖는 동안 어머니가 연아에게 다가왔다.

어머니가 히스테리컬하게 자초지종을 물어보자 연아는 늘 어머니에게 하고 싶었던 이야기를 불쑥 꺼내고 말았다. 그녀는 어렸을 때부터 이모부가 자신을 성적으로 유린해 왔다고 말했다. 어머니는 자기 여동생의 남편이 그런 짓을 했다는 말에 충격을 받았고 딸의 말을 믿으려 하지 않았다. 어머니는 연아를 향해 돌아서서는 자신에게 거짓말을 하는 것이 괘씸하다고 소리를 질렀다. 그러자 이모부는 어머니에게 연아가 그에게 언제나 어른처럼 말을 해 왔다고 하면서 도대체 어떻게 해서 그런 생각을 하게 되었는지 모르겠다고 항변했다. 그러고 나서는 마치 어린아이처럼 흐느끼기 시작했다. 문제를 위장하는 그의 전술이 먹혀 들어갔다. 이런 난리 중에 아버지까지 합세하여 연아에게 집에 가서 기다리라고 명령했다. 아무도 연아의 말을 믿어 주지 않았고 어른들은 연아가 교활하다고 말하는 이모부의 편을 들었다.

가족 내 이방인

아버지는 연아에게 방에서 물건을 꺼내 부엌으로 옮기라고 근엄한 목소리로 말했다. 연아는 더 이상 자기 방에서 동생들과 함께 잘 수 없었고 부엌 바닥에서 자야 했다. 연아가 학교를 졸업하자 아버지는 사람들을 속이는 못된 행실로 이모부뿐 아니라 부모에게도 문제를 일으켰다는 이유를 들먹이며 연아가 집을 나가 다시는 돌아오지 않았으면 하고 바랐다. 어머니는 어떤 도움도 주지 않았다. 여기서 연아가 어머니를 지원하는 패턴을 알 수 있다. 연아는 어머니가 아버지를 두려워한다는 말을 반복하면서 어머니를 변호했다. 연아는 아버지는 늙었지만 어머니는 아직 젊기 때문에 다른 삶을 살아볼 필요가 있다고 생각했다. 그래서 어머니가 아버지와 헤어지기를 바랐다. 이는 희생양에게서 찾아볼 수 있는 전형적인 행동 패턴이다. 그들은 모든 사람의 문제에 대해 원인을 찾고 그들의 단점을 이해할 준비가 되어 있지만 정작 자신의 경우에는 어떠한 약점도 용서하지

제5장 희생양: 자녀의 치료 사례

않는다. 연아는 어머니가 자신의 문제를 감추기 위해 그녀를 이용했다거나 딸에게는 정작 아무런 도움도 주지 않았다는 말을 단 한 번도 하지 않았다.

연아가 고등학교를 졸업하자 아버지는 자기 말대로 딸을 집 밖으로 내쫓았다. 당시 연아가 수중에 쥐고 있던 것은 패스트푸드 식당에서 일하면서 번 몇 푼 되지 않는 돈이 전부였다. 하지만 아버지는 단호했고 어떤 이유로든 절대 집으로 돌아오지 말라고 엄포를 놓았다. 아버지의 말은 진심이었다. 한번은 연아가 집으로 전화를 걸자 심지어 전화선을 끊어 버리기도 했다. 그때는 아버지가 퇴직한 후 집에 있었기 때문에 어머니를 보러 숨어들어 올 수도 없었다. 쫓겨난 지 얼마 지나지 않아 연아는 몇 차례의 전화를 통해 어머니와 간신히 이야기를 나누었다. 어머니는 언제나 아버지에 대해 불평을 늘어놓았고 아이들이 어서 자라서 아버지와 헤어질 수 있게 되길 기다릴 뿐이라고 덧붙였다. 연아는 십년이 지난 후에도 어머니와 아버지가 헤어지길 기다렸다. 그러나 어머니도 늙어 가고 있었고 스스로 자립하는 법을 알지 못했기 때문에 어머니가 아버지 곁을 떠나지 않을 것이라는 것을 더욱더 확신하게 되었다.

연아의 강점

언제나 아버지로부터 못난이로 때로는 바보 멍청이로 불려 온 연아는 아직도 자신이 똑똑하고 명석하다는 것을 아버지에게 증명해 보이고 싶어 했다. 그녀는 학사학위에 이어 석사학위를 취득했다. 자기를 거부하는 아버지를 기쁘게 하고 싶은 욕망이 강했다. 연아는 최근에 아버지와 대화의 문을 열게 된 것이나 그동안 자신이 이룬 것을 아버지에게 이야기하는 것에 만족했다. 아버지는 이 모든 것이 자신의 생각에 반하는 것이었기에 딸의 학업적인 성취에 많이 놀라워 했다. 어머니는 현재 패스트푸드 식당에서 일하고 있으며 이따금씩 연아가 어머니를 보러 간다. 단 한 번도 연아가 집으로 초대받은 적은 없었지만 어머니를 보러 몇 차례 숨어들어 간 적은 있었다. 부모로부터 경제적인 도움을 받지 못했지만 연아는 시간제 일과 장학금으로 학비를 댈 수 있었다. 비록 감정, 의사소통 유형, 그리고 행동을 통해서는 연아가 심각한 문제를 지닌 사람처럼 보였지만 그녀는 이제 자기 자신을 똑똑한 사람으로 여기게 되었다.

치료를 통해 다룬 문제

연아가 지니고 있는 문제 가운데 하나는 남자를 사귀지 못한다는 것이 있었다. 연아는 단 한 번도 데이트를 해본 적이 없었다. 직장 상사를 빼고는 어떤 남자와도 대화하기를 꺼렸으며 자기가 바라는 것이 무엇인지도 알지 못했다. 그녀는 우울하다고 계속 불평했고 우울증을 없애는 방법을 알고 싶어 했다. 이러한 행동의 형태는 연아가 성장하는 동안 겪어 온 신체적 · 정서적 · 성적으로 희생양이 되어 온 결과였고, 삶의 현실이 불확실한 결과였다.

우리는 연아와 가족 간의 만성적인 갈등, 제자리를 찾지 못한 연아의 자리, 그리고 희생양 역할의 결과로 얻은 우울증을 치료하고자 했다. 연아는 지적으로는 총명했으나 정서적으로는 마치 길 잃은 아이 같았다. 그녀가 짊어진 희생양 역할의 늪에서 벗어나도록 노력하면서 치료를 전개했다.

앞에서도 언급했듯이 치료 중 연아는 열정도 없고 활력도 없는 사람처럼 보였다. 연아가 집을 떠난 후에는 남동생이 구박을 받았으며 남동생이 집을 떠난 뒤에는 '무척이나 유별난' 인물로 끝에서 두 번째 여동생이 다음 타자가 되었다고 했다. 연아는 자신이 가족 안에 존재하는 맞물린 삼각관계에 대해 말하고 있다는 것을 알지 못했다. 몇 차례에 걸친 치료 후 연아에게 부모가 그들만의 문제를 가지고 있으며 그들의 결혼생활에는 이해와 조화가 결여되어 있고 그들의 부부관계를 유지하기 위해 아이들을 이용했다고 설명해 주었다. 시간이 지날수록 연아도 그 사실에 순순히 동의하게 되었고, 지금껏 연아가 잘 받아들이지 못해 치료하기 무척 힘들었던 과제가 보다 수월해졌다.

어머니의 지지와 인정 없이는 연아가 자기 삶을 온전히 감당할 수 없을 것으로 보였다. 그래서 치료가 시작된 직후 어머니와의 접촉을 시도했다. 어머니는 세 번이나 약속을 어겼는데 매번 약속을 어긴 이유가 달랐다. 연아의 부모가 치료에 동참할 가능성이 없어지자 연아로 하여금 그녀의 부모를 있는 그대로 받아들이도록 도와주는 쪽을 택했다. 내가 보기에는 연아가 과거에 다른 치료를 통해서도 같은 경험을 했기 때문에 이 계획을 포기할 것만 같았다.

연아가 부모의 문제와 두려움, 결혼생활의 결속력 결핍을 이해하도록 돕는 것이 차선책이 될 수 있었다. 연아는 대학에서 인간행동에 대한 이해를 전공했고 자기 부모의 문제에 대해 잘 알고 있다고 했다. 연아가 자기 자신을 드러낸다는 것에 근거하여 그녀가 자신의 문제를 인지적으로 이해하고 있다고 생각하게 되었다. 치료자로서 어려운 부분은 바로 연아로 하여금 자신의 상황을 정서적으로 이해하고 수용하며 자기 삶을 살아가도록 돕는 것이었다.

가족 신화

가족 신화는 가족 전체가 각 구성원을 대표하는 것으로 받아들이는 일련의 역할 이미지라 할 수 있다. 그것은 개인으로 하여금 그에게 할당된 역할을 특정 방식으로 행동하고 상호작용하도록 한다(Pillari, 1986). 이처럼 어떤 가족 안에서는 자녀 가운데 일부가 희생양 역할을 맡으므로 남편과 아내는 그들의 문제를 아이들의 문제로 감출 수 있다. 가족 안에는 수많은 전설이 있다. Byng-Hall(1988)이 묘사한 바와 같이 가족 전설은 희미해져 가는 가족사에 대한 다른 정보와는 대조적으로 시간이 지나도 거듭 회자되는 다채로운 이야기로 채색된다. 전설이라는 것이 흥미롭기 때문에 드러내어 회자되지만 흔히 그것이 이야기되는 방식은 가족이 어떻게 행동해야 하는가를 나타낸다. 각각의 이야기 전달방식을 바탕으로 지금까지 이어져 온 가족의 규칙들이 부호화되고 정교화된다. 연아 가족의 전설은 어머니 쪽 집안의 여자들은 모두 미인이며 빼어난 외모를 자신에게 유리하게 활용해야 한다는 것이었다. 연아의 어머니는 자신의 결혼생활에 만족하지 못했음에도 불구하고 부부관계나 애정행각에 있어 다양한 방식으로 가족 신화에 부응했다. 그녀는 한 남자와의 혼인관계를 근근이 유지하면서 경제적 안정이라는 유익을 누렸다. 하지만 연아는 예쁜 아이로 생각되지 않았기 때문에 가족에게 걸맞지 않았다. 연아 가족의 외모에 대해 이야기하면서 가족 사진을 함께 본 적이 있었다. 어머니와 연아의 여동생 둘은 외모가 출중했지만 나머지 가족들은 그다지 외모가 뛰어나지 않았다. 요컨대 '아름다운 용모'가 행동 패턴을 규정한다고 할 수 있었다. 즉, 잘 생긴 사람은 무엇이든 얻어낼 수 있다는 것을 의미한다. 적절한 치료 관계 속에서 가족 패턴에 대한 이야기를 나누자 연아는 자신의 패턴과 희생양을 만드는 자기 가족의 패턴에 대해 더 많은 통찰력을 발달시키는 듯했다.

삼각관계

Kerr와 Bowen(1988)은 제3의 인물이 가족의 긴장 구도 안으로 병합될 수 있는 몇 가지 방법에 대해 밝히고 있다. 마음이 편치 않은 내부인(위 사례의 경우 어머니)은 또 다른 내부인(남편)에 대한 불평불만을 외부인(딸 연아)에게 털어놓음으로써, 아니면 그 반대로 함으로써 부부간의 상황에 외부인을 끌어들일 수 있다. 연아가 어머니 편을 들면서 동정적인 반응을 보이자 모녀간에 편안한 친밀감이 형성되었고 아버지는 외부인이 되었다. 이러한 상황에서 모녀는 부부간의 문제와 관련하여 아버지를 비난하였다. 수년간의 훈련을 통해 연아는 불협화음에 끼어들어 가는 법을 배운 것이다. 즉, 연아는 부모들 사이의 긴장을 매우 쉽게 감지하는 듯했다. 분화 수준이 낮은 사람들은 때때로 부모와의 관계에서 이런 종류의 위치에 설 수 있다. 연아는 부모들 사이의 긴장이 특정 수위에 도달할 때마다 학교 수업을 빼먹거나 고집불통이 되는 등 예견된 문제행동을 보였다. 이는 부모들로 하여금 연아에게 초점을 맞추게 하고 부부간의 긴장을 줄이는 구실을 하였다.

연아가 집에서 쫓겨날 무렵 부부간의 긴장이 너무나도 컸었고, 어머니는 자신의 불안한 마음을 아들에게 토로하여 아들마저도 이 상황에 연루시키기에 이르렀다. 이렇게 해서 또 하나의 삼각관계가 성립된 것이다. 삼각관계 내의 한 사람이 다른 사람을 조종하려고 하자 부자간에 갈등이 폭발하였다. 이 상황에서 아들은 그동안 아버지가 어머니를 얼마나 지배해 왔으며 어머니에게 무자비했는지 말하려 했다. 그러는 동안 어머니는 외부인의 위치에 있었다. 이때는 더 이상 연아를 이용할 수 없었으므로 다른 사람에게로 긴장이 넘겨졌다. 앞에서도 언급한 바와 같이 하나의 삼각관계 내에 담길 수 없는 불안이 다른 하나 이상의 삼각관계에까지 넘쳐 나는 과정을 맞물린 삼각관계라 한다(Kerr & Bowen, 1988). 비교적 평온한 가족의 경우에는 하나의 중심적인 삼각관계 안에서만 긴장이 감돌 수 있다. 그러나 스트레스가 너무 커지면 가족 내 다른 삼각관계나 가족 밖의 직장 또는 기타 사회체계와 같은 외부의 삼각관계로 불안이 번져 나가게 된다.

연아의 경우 삼각관계는 현재에 이르기까지 가족의 일부가 되어 왔다. 그래서 연아를 삼각관계에서 벗어나게 하는 탈삼각관계에 초점을 맞추어 치료가 진행되었다. 이는 매우 지루한 과정이었다. 탈삼각관계의 성패는 한 사람이 다른 사람에 의해 삼각관계화되는 방식을 인식하는 것에 따라 좌우된다. 예를 들어, 연아의 말을 빌면 "아버지는 저를 구박했어요. 여동생마저 아버지에게 엮이게 되지 않았으면 좋겠어요."라는 말이 삼각관계화의 출발이라 할 수 있다.

삼각관계화의 과정은 얼굴 표정, 신체 변화, 목소리 등을 통해 미묘한 메시지로 제시될 수 있고, 연아 가족의 경우와 같이 아버지에 의해서는 명백하게 그리고 어머니에 의해서는 다소 은밀하게 표현될 수 있다. Kerr와 Bowen은 탈삼각관계를 기법으로 보기보다 사고방식으로 보고자 했다. '사고방식'은 사회 환경 속에서의 인간행동 체계에 대한 개념화를 일컫는다. 문제의 원인을 특정 인물이나 사물의 탓으로 돌리지 않고, 사람과 사건에 정서적 과정을 연결시키고 계속해서 그것에 초점을 맞추는 것이다. 한 개인이 체계나 과정을 보는 역량을 발달시키고 대인관계 발달 과정에 대해 정서적으로 중립적인 태도를 발달시킬 때, 그 개인은 삼각관계화된 관계로부터 자기 자신을 분리시키는 것이 보다 수월하다는 것을 알게 된다(Kerr & Bowen, 1988).

치유과정의 시작

가족사진에서조차 제외되어 버린 연아는 자신이 정서적으로 가장 밀접하게 연결되어 있는 삼각형과의 접촉을 통해 중립을 지키거나 가족으로부터 분리될 수 있다는 것을 이해하도록 도움을 받아야 했다. 그런 후에야 중립의 기초 위에서 행동할 수 있었다. 비록 아버지에 대해 부정적인 감정을 가지고 있다 하더라도, 탈삼각관계화와 변별화라는 똑같이 중요한 목적을 위해 이전 과정의 일부였던 촉발적인 감정과 태도를 보이지 않고 이들과의 관계나 접촉을 유지해야 한다는 것을 이해해야 했다. 연아는 아버지에게 전화를 걸어 아버지와 대화하기 시작했다. 처음에는 어려웠지만 점점 가족 문제에 대해 중립을 지키게 되었다. 나중에는 자신의 학업적 성취에 대해 좀 더 편안하게 이야기할 수 있었고 그 부분에서는 아버지도 딸을 자랑스러워하는 듯했다.

비난하지 않는 분위기 속에서 치유의 과정이 시작되었다. 연아를 돕기 위해서는 과거와 현재 사이에 연결 고리를 만들고 가족이 아닌 위치에서 원가족 안에서의 자신의 역할을 들여다볼 수 있도록 도와주는 것이 중요했다. 자신이 가족의 바람과 요구에 대해 책임을 져 왔음에도 연아는 자기 자신을 나머지 가족들과 명백히 다른 존재로 보았다. 치유에 있어 중요한 측면 중의 하나는 연아가 가족 밖에서 이와 같은 자기 관점을 인정하도록 돕는 것이었다. 그렇게 되면 희생양이 된 사람의 행위와 원가족의 역동 간의 관련성을 파악하게 된다.

연아로 하여금 자신의 가족 상황을 이해하도록 하기 위해 연극과 역할극을 치료에 활용하였다. 연극은 가족 무용 패턴에 대해 인식하는 것으로 치료자에 의해 이루어진다. 이번 사례의 경우 연아 가족의 패턴에 근거해 어머니, 아버지, 이모부, 오빠의 이름을 붙인 빈 의

2. 연아 가족에 대한 종단적 관점

자를 사용하여 친숙한 동작으로 장면을 연출하도록 시나리오를 만들었다. 그리고 가족 간에 역기능적 패턴이 발생하는 대인관계 장면을 구성하였다. 연아가 어머니의 보호자이자 지원자로 그리고, 아버지의 적으로 가족 상황에 끌려들어 오게 된 것을 보여 주기 위해서였다. 연아가 부모의 부부관계 문제를 이해하고, 어떻게 해서 마지못해 또는 자기도 모르게 이런 문제에 연루되었는지 이해할 수 있도록 도움을 주었다.

근친상간의 관계와 그로 인한 문제는 이전의 치료를 통해서도 다뤄진 바 있지만 치료자에 대한 신뢰가 쌓일수록 연아는 이모부에 대한 이야기를 털어놓기 시작했다. 이모부는 다른 아이들에게도 성추행을 한 사람이었다. 이와 같은 사실이 폭로되었을 때 가족들은 수치심에 휩싸여 어쩔 줄 몰라 했다. 결국 이모부 가족은 살던 동네를 떠나 다른 곳으로 떠날 수밖에 없었다. 그로부터 4년이 흘렀다. 지금은 물론 그를 달리 대할 수 있지만 그가 더 이상 한 동네에 살지 않게 되어 정말 구원받은 느낌이라고 연아는 털어놓았다. 근친상간의 결과로 연아의 인생에는 많은 문제들이 등장하였다. 연아가 남자친구를 사귀지 못하고, 매력적이지 않은 용모와 머슴애 같은 옷차림, 남자에 대해 총체적인 불신을 갖게 되기까지는 어렸을 때부터 딸을 인정해 주지 않았던 아버지가 원인으로 작용하고 있다는 것을 알게 되었다.

시간이 흐를수록 치료자인 나와 연아와의 관계가 달라졌다. 처음에 연아는 정말로 소심했고 부끄러움을 많이 탔지만 나중에는 나를 무척 좋아하게 되었다. 그런 관계는 내가 자신의 치료자가 되어 준 것에 대해 감사의 마음을 표한 것에서 시작되었다. 나중에는 존경하는 마음으로 나를 바라보았다. 시간이 지날수록 연아는 나를 더 편하게 생각하였고 사귀는 사람이 없다는 걱정까지 털어놓을 수 있게 되었다. 내 격려에 힘입어 몇 번은 그다지 내키지 않은 시도도 해 보았다. 어떻게 옷을 입어야 하는지에 대한 이야기를 나누고 연아의 이와 같은 새로운 도전을 격려해 주기도 하였다. 연아가 자기 자신을 여성으로 보기 시작한 것일 수 있기 때문이었다. 연아는 립스틱을 사용하는 법을 배웠고 전보다 자주 정장을 입었으며 남자를 만나기 위해 특별한 노력을 기울였다. 또한 치료를 받는 날 잘 차려입고 와서는 마치 어린아이처럼 내 의견을 듣고 싶어 하기도 했다.

이로써 전이가 이루어졌다는 것을 확신할 수 있었다. 때로는 연아가 남자보다 여자를 더 편하게 느끼기 때문에 내게 성적인 매력을 보이려 하는 것이 아닌가 의아하기도 했다. 그래서 성에 관한 질문을 꺼내보기도 했지만 연아가 극도로 불편해 했으므로 다음 기회에 말할 준비가 되었을 때 다시 묻기로 하고 접어 두었다. 연아가 자신의 삶에서 성적인 선택을 해야 한다고 판단했다. 연아는 자신이 유년 시절의 일로 괴로움을 겪고 있는 것에 대해 잘 알게 되었고, 그것이 지나간 일이며 바꿀 수 없는 것이라는 사실도 깨닫게 되었다. 연아는 지나간 과거를 수용하며 살아가는 능력을 서서히 발달시켰다.

연아 자신이 확고하게 뿌리박은 '지금-여기'에 관한 문제도 다뤄야 했다. 그 가운데 하나가 연아가 편하게 느끼는 방식으로 성적 욕구를 다루고 자신의 삶에 스스로 잘 적응하고 개척해 나가도록 돕는 것이었다. 적절한 치료적 관계와 전이적 요인, 치료를 통한 진전을 바탕으로 연아가 가지고 있던 대부분의 문제들이 건설적으로 극복되었다는 것을 확신할 수 있었다.

3. 현호 가족의 치료 협력과 가족 재구조화

협동 작전

현호 가족을 적어도 두 차례 만났었다. 만나는 동안 이들은 줄곧 침묵을 지켰고 예의바르고 공손하게 행동했다. 나중에는 현호가 문제아로 밝혀졌지만 처음에는 가족이 협동작전을 펼친 까닭에 무슨 이유로 그들이 왜 열네 살 난 현호를 치료실로 데려오게 되었는지 알 수 없었다. 두 번째 시간이 끝난 후에 아버지가 떠나자 가족역동이 변하기 시작했다. 그리고 구원의 손길과도 같은 돌파구가 생겼다. 180센티미터의 키에 건장하고 의젓하며 언제나 자기 자신을 잘 다스려 오던 현호가 갑자기 허물어지더니 일주일 전에 엄마가 자기를 때렸다고 하면서 울음을 터뜨렸다. 현호의 엄마가 놀라서 쳐다보자 그는 주체할 수 없이 흐느끼면서 엄마가 자기에게 집을 나가라고까지 했다고 덧붙였다. 이 순간이 매우 값진 순간이라고 생각했다. 왜냐하면 조용하고 복종적인 분위기 속에서 침묵과 적당한 이야기들이 오간 지 몇 주가 지났을 때 격려에 힘입은 현호가 드디어 자신에 대한 얘기를 꺼낼 수 있었기 때문이다. 현호의 이런 행동은 이전에 그가 느꼈던 짓밟힌 감정과 비교해 볼 때 사뭇 다른 것이었다. 현호는 자신감을 보이며 나를 믿기 시작했다.

가족력

두 번째 시간까지는 부모와 네 명의 자녀가 함께 치료를 받으러 왔다. 그러나 두 번째 시간이 지난 다음 아버지가 해외 출장을 떠나게 되었다. 앞에서도 말한 바와 같이 아버지가 떠나자 가족상황과 가족역동이 달라지기 시작했다. 장남인 현호만 다른 아버지의 자식이었다. 현호는 엄마가 열일곱 살 때 낳은 사생아였는데, 여섯 살까지는 엄마와 단둘이 살았다. 엄마의 말에 따르면 현호 아버지는 알코올 중독자였고 무책임한 사람이었다. 엄마가 임신을 하게 되자 결혼을 약속했고 계속해서 사랑을 맹세했었다. 그러나 결혼식을 일주일 앞두고 아버지는 그와 결혼할 거라고 우겨대는 다른 여자와 함께 엄마를 찾아왔다. 엄마는 망연자실했지만 자존심이 상해 차마 겉으로 드러내지 못했다. 엄마는 친정으로 돌아갔고 현호를 낳은 후 편모로서 생계를 꾸려 나갈 수 있게 될 때까지 친정에 머물러 있었다.

현호가 여섯 살이 되었을 때 엄마는 새아버지를 만나 세 명의 아이를 낳았다. 새아버지는 현호를 입양하려고 했다. 하지만 현호가 태어난 이후로 고작 세 번밖에 만난 적이 없는 현호 생부는 엄마에게 법적 권리를 양도하는 것을 거부하고 사라져 버렸다. 이런 이유로 현호의 일은 뒤로 제쳐져 있었고 새아버지는 지루한 법적 절차를 밟은 후에야 현호를 호적에 올릴 수 있었다. 새아버지는 일년 중 절반을 해외 복무로 보내는 군사무관이었다.

피해자 선정

새아버지가 떠나자 현호가 허물어지고 말았던 치료 장면으로 다시 돌아가 보자. 현호는 친절하고 붙임성 있는 아이였지만 당시 그의 행동은 분노와 고통의 도피로 나타났다. 현호 엄마는 아들이 엄마에 대해 불평하는 것을 무척 창피스러워 해서 현호를 달래려고 애쓰는 것 같았다. 현호는 자신이 항상 차별을 받았었노라고 되뇌며 계속 울음을 터뜨렸다. 엄마는 꽤나 수다스러운 사람이었는데 아들이 의식적으로 화를 낼 때에는 고통스럽게 침묵을 지키고 있었다. 현호는 자기가 형제들보다 집안일을 더 많이 했으며 몇 분만 늦게 해도 엄마가 펄펄 뛰었다고 했다. 그는 가족 간에 이루어지고 있는 모욕적인 언사에 대해서도 의식하고 있었다. 현호는 치료에 익숙해 지고 점점 운신의 폭이 넓어지면서 자신감 있는 태도를 보였는데, 이는 현호의 엄마가 남편을 대할 때 필요한 부분이었다. 이후 현호 는 더 이상 이야기하는 것을 거부했다.

현호 엄마는 아들의 말이 맞다고 하면서 남편이 지난 번 집에 와 있을 때 난폭하게 성질을 부리면서 문을 부수고 거실 TV를 박살냈 다고 했다. 그리고 현호가 음주 문제와 난폭한 성질을 지닌 남편과 같은 사람이 될까 봐 엄하게 대했다는 것을 강조하면서 사무적인 태 도로 말을 이어 갔다. 현호는 울면서 엄마가 자기보다 다른 아이들 을 더 많이 사랑하고 항상 자신을 차별한다고 불평했다. 현호의 경 우는 희생양이 자신의 역할을 수용하는 앞의 예와 달랐다. 그는 엄 마와 단 둘이 살던 때, 곧 응석받이로 지내던 그 시절로 돌아가고 싶 었던 것이다.

현호 엄마는 언제나 상냥하고 다른 사람을 잘 보살피는 사람처럼 보였다. 그녀는 아들의 행동에 정신이 혼란스러웠다. 엄마가 현호 와의 사이에서 일어났던 일을 이야기했다. 예전에 발생했던 일을 들춰내면서 엄마가 현호에게 짐을 싸서 나가라고 하자 현호가 다른 지방에 살고 있는 할머니에게 가서 살고 싶다고 말했다는 것이다. 나는 엄마에게 화가 난 상태에서 아들에게 다른 사람과 살라고 한 것은 아이로 하여금 자신이 함께 살고 싶지 않은 사람이라는 거부당 한 느낌을 줄 뿐이라고 설명했다. 그러자 현호 엄마는 더 많은 이야 기를 털어놓으려고 했다. 그러면서 현호가 집을 나가버리겠다고 위협을 해서 자신도 그렇게 한 것이라고 힘없이 공박했다.

형제자매 관계

현호는 엄마가 종종 자기를 때렸고 언제나 그의 잘못을 들춰 내려는 듯했다고 고통스럽게 눈물을 글썽이며 불평했다. 새아버지도 마찬가지였다. 현호와 남동생 찬호가 다툴 때 비난받고 벌받는 것은 언제나 현호였다. 이때 엄마는 묵묵히 있다가 현호가 형이니까 본을 보여야 한다고 말할 뿐이었다. 현호는 동생이 여덟 살이 되도록 집에서 제멋대로였다고 했다. 현호는 동생이 원하는 건 뭐든지 다 할 수 있었다며 화를 냈다. 게다가 동생이 형 위에 군림하려 해도 부모가 그냥 내버려 두었다고 하면서 울음을 터뜨렸다. Kahn과 Lewis(1988)가 언급한 바와 같이 어린 시절부터 형제자매들은 접촉과 우애를 통해 서로에게 의지하기 시작한다. 형제자매는 강렬한 정서적 경험에 대해 서로 대리인이 되어 준다. 상호적인 자아와 대상 간의 관계 속에서 사랑, 증오, 그리움, 소망, 시기, 분노, 융화, 투영, 이상화, 동일시 등에 대한 욕구가 완전하지는 않지만 부분적으로 충족된다. 때때로 부모들은 아이들 간에 나타나는 정서적 교류의 일부 또는 전체를 잘 간파하지 못하고, 아이들이 소란을 피우지 않고 같이 '노는' 한 만족해 한다. 즉, 부모들은 '싸움'이 극렬한 지경에 이르렀을 때에만 조치를 취한다(Kahn & Lewis, 1988). 현호와 동생 사이에 이런 다툼이 시작될 때마다 엄마는 동생을 구하러 달려왔다. 현호와 찬호의 관계는 연속성이 없고 파괴적이었으며 조화롭지 못했다.

내가 현호에게 부모로부터 사랑을 덜 받은 것처럼 느끼는지 물어보았더니 그는 거칠게 머리를 흔들었다. 어쩌면 현호는 여섯 살까지 보다 많은 사랑을 받았던 편모슬하의 환경에서 자기가 맡았던 역할 때문에 현 시점에서는 새롭게 부여된 희생양의 역할에 대항하고 있는 셈인지도 모른다. 현호의 엄마는 아이들 모두를 똑같이 사랑한다고 계속해서 주장했는데 이는 자녀들이 그렇게 받아들이기를 바라는 대부분의 부모들이 가지고 있는 신화라고 생각된다. 엄마는 현호의 동생들을 놀이방에 보내 놓고 현호의 문제에만 초점을 맞추고자 했고 내게도 그렇게 할 것을 요청했다. 그때 나는 현호의 동생들, 곧 찬호와 쌍둥이 동생 수진이와 수미를 치료 시간에 적극 동참하도록 제안했다. 현호는 자기만 외톨이처럼 느꼈을 터이고 희생양이 되었을 것이 분명한데, 그 이유는 그가 가족 문제의 원인으로 선발된 인물이고 또 그로 인해 가족들의 분노를 한 몸에 받게 된 것으로 보였기 때문이다(Pillari, 1986). 이는 현호가 좌절되고 아버지가 다른 자식으로 드러난 사실에 기인한 것으로 보이기도 했다. 지금까지 언급한 바와 같이 희생양을 만드는 것은 차이점이 눈에 띨 때 일어나는 듯하다.

형제자매 치료

이어지는 치료과정을 통해 동생 찬호가 스스로를 형보다 더 큰 힘을 가진 사람으로 생각하고 있다는 것이 드러났다. 찬호는 현호가 알고 있거나 할 수 있는 것이라면 자기도 다 알고 할 수 있다는 뜻의 발언을 했다. 처음엔 혼자된 엄마와 나중에는 뱃사람인 새아버지와 함께 살게 된 현호는 집안일을 더 많이 하도록 과중한 부모 역할을 해온 것으로 밝혀졌다. 이는 형에게 계속 덤벼들고 싶은 동생에 의해 더 불거졌다. 현호는 미묘한 방식으로 엄마가 동생에게 무게를 실어 주어 자기 자리가 동생에 의해 서서히 대치되는 것을 알아차렸다. 이는 놀랍고도 고통스러운 경험이었다. 동생이 형에게 격렬하게 대들었음에도 불구하고 엄마는 완고하게 침묵만 지켰다. 130센티미터에 불과한 찬호가 180센티미터나 되는 형에게 말할 수 없이 공격적으로 대들었다. 현호는 엄마가 도와주기를 간절히 바랐으나 도움을 받지 못했고 켜켜이 쌓인 슬픔을 지닌 채 위축될 수밖에 없었다.

가족치료 시간을 통해 동생 찬호는 매우 극성맞아 보였다. 찬호는 그림 그리는 걸 좋아한다고 했다. 미술치료는 가족치료에 다방면으로 적용될 수 있다. 예컨대 참가자의 초기경험 공개, 원가족에 대한 탐색, 현재 및 과거사에 대한 조명, 전의식적 대상의 표면화, 방어의 감소, 통찰과 정서적 구조틀의 획득, 역기능적 행동에 대한 지적, 가족원 간의 분화, 갈등의 노출, 부모역할 및 문제해결 기술의 개선, 슬픔과 고통에 대한 대처 등(Landgarten, 1987)에 미술치료를 활용할 수 있다. 미술치료는 또한 하위체계의 실험적 재편을 조종하고 경계를 변화시키는 지침을 구체적으로 제시할 수도 있다. 찬호에게 형을 그려보라고 했더니 흥미롭게도 형보다 자신을 더 크게 그렸다. 실제로는 형보다 50센티미터나 작았으면서도 말이다. 이에 보다 적극적으로 변화를 일으키기 위해 기존의 가족 교류 행동을 의도적으로 가로막고 가족원의 역할 재편을 요구하는 구조적 개입을 시도했다(Minuchin, 1974).

그러고 나서 실제 장면을 구상하여 찬호에게 형 옆에 있는 의자 위에 서 보라고 했다. 의자 위에 서 있어도 찬호는 여전히 형보다 작았다. 두 아이에게 이를 지적하자 현호는 당황한 듯 웃음을 지었다. 이번에는 의자에서 내려와 바닥에 나란히 서 보라고 했고 찬호는 현호가 더 크다고 큰 소리로 말했다. 나는 두 아이에게 그들 간의 세력

다툼에 대해 간략히 이야기했다. 이때 엄마가 끼어들어서는 현호가 언제나 자신을 동생과 비교하기 때문에 현호에게 문제가 있다고 말하면서 현호에게 형다운 자질이 부족한 것을 우려했다.

현호는 이날따라 말이 많아 보였으며 가족 내에 존재하는 자신에 대한 부당하고 불공평한 대우에 불만을 토로하였다. 가족 가운데 누구 하나 자기 편을 들어주는 사람이 없자 그는 침묵에 빠졌다. 현호는 문자 그대로 집안에서 그 어떤 것도 할 수 있는 자유가 없었기에 어떤 의식적인 노력을 취한들 가족 규칙을 바꿀 수 있을지 의문이었다. 엄마는 눈물을 흘리면서 자신이 다른 문제만으로도 짓눌려 있다고 말하고 어쩌면 현호를 지나치게 엄격히 대했는지도 모르겠다고 했다. 이것이 두 번째 돌파구였다. 엄마도 인간이고 잘못을 범할 수 있다는 것을 인정한 것이다. 현호가 엄마로부터 사랑을 받지 못한다고 하고 엄마가 자기를 안아주지도 않는다고 현호가 하소연했기 때문에, 다음 시간까지 최소한 하루에 한 번씩 서로 안아 주라고 엄마와 아들에게 숙제를 내줬다. 엄마는 흔쾌히 인내심을 가지고 동의했고 현호는 무표정하게 침묵을 지킬 뿐이었다.

엄마의 어린 시절

다음 시간이 돌아왔고 현호 엄마는 숙제를 완수하지 못했노라고 말했다. 엄마는 깊은 생각에 빠졌고 양심에 가책을 느꼈다. 엄마는 자신이 현호를 대하는 방식에 대해 통찰력 있는 이야기를 했는데, 그것은 자신의 양육방식이 어린 시절 자기가 집에서 받았던 것과 매우 흡사하다는 것이다. 그리고 자신의 유년 시절에 대해 말하기 시작했다. 그녀의 가족은 서로 잘 안아 주지 않았다. 그녀는 아주 어려서부터 많은 책임을 떠맡았고, 남동생 하나와 여동생 둘을 돌보았다. 아버지는 음주 문제를 가지고 있었으며 그녀가 불과 여섯 살이었을 때부터 성희롱을 하곤 했다. 그녀의 어머니는 그녀가 아버지의 관심을 끌려고 했다면서 남편이 아닌 그녀에게 화를 냈다고 털어놓았다.

그녀가 성장해서 옷을 잘 차려 입거나 아버지 앞에서 농담을 하면 어머니는 딸이 혹시 남편을 유혹하려는 게 아닌지 의심했다. 그녀가 기억하기에 어머니가 자신을 안아준 적이 단 한 번도 없었고 아버지가 자기에게 접촉하는 것 또한 허용되지 않았다. 어렴풋이 기억하는 언니는 열한 살 때 집을 나갔다. 어머니는 언니가 집을 나간 것은 잘된 일이라고만 말할 뿐 무슨 일이 있었는지 일체 설명해 주지 않았다. 언니가 아버지에게 성학대를 받아 온 게 아닌지 때때로 의문스러웠다.

현호 엄마는 사춘기에 도달한 직후였던 열두 살 때의 일을 기억해 냈다. 목욕을 하고 있는데 누군가 자기를 쳐다보고 있는 것 같은 느낌이 들었다. 유감스럽게도 불길한 직감은 틀리지 않았다. 열린 창문 너머로 단정치 못하고 기괴한 모습의 아버지가 그녀를 쳐다보고 있었던 것이다. 재빨리 수건으로 몸을 두르고 아버지를 향해 분노에 찬 목소리로 다시는 창문을 열지 말라고 비명을 질렀다. 이 사실을 어머니에게 털어놓자 오히려 그녀가 뭔가 잘못을 저지른 것처럼 죄인 취급을 당했다. 현호 엄마는 그때의 기억을 떠올리며 마치 유년기를 도둑맞은 듯한 고통에 몸서리를 쳤다. 그녀의 어머니는 남편과의 결혼생활을 지나치게 옹호했고 현호 엄마는 아주 어린 나이에 동생들을 보살피고 보호해야 한다는 미묘한 메시지를 수도 없이 받았다.

결국 현호 엄마는 짐을 짊어지는 짐꾼 역할을 했고 어린 동생들의 수발을 들었다. 이처럼 가중된 책임에도 불구하고 동생들을 챙기는 것과 같은 기본적인 일을 하지 않으면 말썽에 휘말리곤 했다. 현호 엄마는 자신에게 맡겨진 일의 무게에 억눌렸고 누적된 죄책감에 사로잡혔으며 자기가 한 일에 대해 단 한 번도 잘했다고 인정을 받은 적이 없었다. 때로는 이런 감정이 그녀로 하여금 분노를 폭발하게 하여 어머니와의 사이에 골 깊은 갈등을 초래하기도 하였다. 이것은 곧 어머니에게 그녀를 속이고 착취할 구실을 만들어 주었다. 즉, 현호 엄마는 자라는 동안 줄곧 희생양이 되었던 것이다. 그럼에도 불구하고 그녀는 자기 부모이기 때문에 어머니를 사랑한다고 했다.

앞의 예에서와 같이 현호 엄마는 희생양이 된 피해자였던 자기 어머니에게 가능한 한 모든 것을 해 주고 싶었다. 그러나 어머니는 그녀에게 공허감만 남겨 주었고 딸의 유년기를 긍정적인 자아정체감 상실의 시기로 만들고 말았다. 현호 엄마의 부정적인 자아상은 자기에 대한 어머니의 정의와 일치하였고 결국 현호 엄마는 이 부정적인 자아상을 수용한 것이다.

그녀가 사랑에 빠져 집에서 도망쳐 나왔을 때 아버지와 어머니는 이혼을 했다. 어머니는 다 큰 의붓딸과 손녀들에게 성희롱을 하는 점에서 전남편과 매우 흡사한 다른 사람과 재혼을 했다. 늘 그래 온 것처럼 어머니는 남편의 행동을 감시했고 남편의 말대로 이를 자기 딸들이나 손녀들의 행동 탓으로 여겼다.

가족희생양과 가족구세주

자신이 가족의 희생양이자 구세주 역할을 했다는 것을 알게 된 현호 엄마는 계속해서 이야기를 이어갔다. 첫 번째 애인이었던 현호의 아버지는 그녀를 버리고 다른 여자에게로 갔다. 그 후 엄마는 지금의 남편을 만나 사귀었고 현호가 여섯 살이 되었을 때 그와 결혼해서 2년간은 행복하게 지냈다. 그동안 찬호를 낳았고 쌍둥이 수진이와 수미를 임신하게 되었다. 그러던 중 현호 엄마는 남편이 바람을 피우는 것을 알게 되었고 그로 인해 절망이 극에 달했다. 그녀는 과거에 자신의 어머니가 신실하지 못하고 변덕스러운 남편을 어떻게 대했는지 기억했고 그 전철을 그대로 밟았다. 현호 엄마는 남편의 행동에 냉담했고 헛된 기대를 가지고 남편이 달라지기를 기다렸다. 그녀는 잘못을 대수롭지 않게 여기는 상황에서 남편의 행동을 무마할 구실만을 계속해서 찾고 있었다. 그러나 남편의 애인이 임신을 하자 현호 엄마는 별거를 요구했고 그 후로 두 사람은 5년간 따로 지내게 되었다.

종지부를 찍는 것은 매우 힘든 일이었지만 현호 엄마는 일자리를 구했고 아이들을 돌보았다. 엄마는 그 시절 큰아들 현호가 큰 도움이 되었고 현호의 도움으로 많은 집안일을 했노라고 고백했다. 그러면서 당시 현호의 행동에는 잘못된 것이 없었다고 덧붙였다. 한편 새아버지는 별거 중에도 엄마와 계속 연락을 하고 지냈지만 문란한 성생활, 약물 복용, 음주 문제로 수렁에 빠져 있었다. 이런 모습은 현호 엄마의 친아버지나 새아버지의 모습과 흡사했다. 그의 애인도 약물을 복용하고 있었다. 결국 남편과 애인 사이에 낳은 아들 태호가 네 살이 되었을 때 현호 엄마가 그 아이를 맡기로 하고 두 사람은 재결합을 했다.

엄마는 1년간 순교자 노릇을 자청하고 태호를 돌봤다. 엄마는 정작 자기 아이들은 방치한 채 태호가 새 가족에 적응하도록 돕느라고 더 많은 시간을 보냈다는 생각이 머릿속을 떠나지 않아 괴로웠던 것을 고통스럽게 기억했다. 약물 중독자 어머니에게서 태어난 태호는 이해하기 어려울 만큼 파괴적인 분노를 지니고 있는 매우 통제하기 어려운 아이였다. 돌이켜 볼 때 엄마는 감당할 수 없는 끔찍한 기분으로 고통을 겪고 있는 남편의 비위를 맞추기 위해 그런 식으로 행동했다는 생각이 들었다. 1년 반이 지난 시점에서 엄마는 태호를 돌보는 데 너무나도 많은 시간을 할애하는 바람에 직장을 잃었고 아이를 생모에게 돌려보내기로 결정했다. 남편은 마지못해 동의했다. 그는 현호 엄마가 좋은 아내가 못되어 자기가 바람을 피운 것으로 몰아댔고 현호 엄마는 이런 생각을 받아들여 남편 맘에 들게 하기 위해 두 배로 일했다고 분노에 싸여 이야기했다. 엄마와 새아버지 사이의 불화가 일시적으로 수습되긴 했지만 그것은 형편없는 미봉책에 불과했다. 엄마가 낳은 다섯 살 난 쌍둥이와 찬호는 여전히 제 아빠와 서먹서먹한 데 반해 태호는 4년간 아버지 옆에서 지냈다. 이런 생각이 들자 엄마는 자기가 태호를 보살펴 온 것에 화가 치밀었다. 그녀는 현호는 빼놓고 얘기를 했다. 그리고 자신이 태호를 돌보는 것이 다른 아이들에게도 매우 힘든 노릇이라고 했다. 아빠가 다른 아이들에게 이르기를, 태호가 원하는 대로 해 주지 않으면 온통 난리를 부리니까 태호가 해달라는 대로 해 주라고 당부했기 때문이라는 것이었다.

가족문제

현호가 보다 많은 주의를 요하는 상황에 이르자 엄마와 새아버지는 가족치료를 받기로 했다. 현호는 일탈행동을 했고 순종을 하지 않았으며 동생에게 난폭하게 굴었다. 새아버지는 현호에게 지나치게 엄격했고 요구가 많았다. 그러나 엄마의 말에 따르면 남편이 해외근무를 떠난 후부터 가족상황이 다시 수월해졌다고 한다. 집안의 경제 사정은 좀 나아지기는 했지만 새아버지의 난폭한 성미가 가족들을 무겁게 짓눌렀다. 어머니는 현호가 표적이 되어 왔다고 고개를 숙인 채 말했다. 현호를 표적으로 삼은 것을 깨닫지 못한 엄마 역시 피해자였다. 이제 엄마에게 분명해진 것은 현호가 새아버지로부터 받고 있는 대우가 과거 자신이 성장하는 동안 부모 사이에 사로잡혀 감당했던 역할의 되풀이라는 점이었다. 치료가 진행 중이었을 때 새아버지는 3개월간 해외근무를 떠나 있었다.

엄마가 자신을 사랑하지 않는 것을 항상 느껴 왔다고 말하면서 치료 중 현호가 흐느끼기 시작하자 모자간에 또 한 차례 폭풍과도 같은 시간이 다가왔다. 엄마는 정말로 현호를 사랑했지만 그것을 어떻게 표현해야 하는지 몰랐다고 했다. 현호 엄마가 눈물을 머금은 채로 나와 따로 이야기를 하고 싶다고 해서 그렇게 하기로 했다. 현호는 엄마의 약한 모습에 놀라고 충격을 받은 듯했다. 그는 기꺼이 방에서 나가 조용히 휴게실로 갔다.

현호 엄마는 자신이 짊어진 짐을 내게 털어놓았는데, 놀랍게도 그녀의 짐은 현호가 아니었다. 그녀는 남편이 3개월간 해상에 나가 있다고 말하고는 남편을 그리워하거나 사랑하지 않는다는 걸 넌지시 알렸다. 남편의 부재에 그녀는 안도감을 느꼈다. 재혼한 후 남편에 대해 가지고 있는 감정이 어떤지 물어보자, "그 사람이 떠나고 나면 언제나 살 것 같아요."라고 주저없이 대답했다. 심지어는 결혼하기 전에도 결코 남편을 사랑하지 않았다며 구슬픈 넋두리를 했다. 그녀는 남편에게 엄청난 공포를 느꼈고 남편을 사랑하지 않는다고 말하는 것을 두려워했다. 그녀는 자신이 남편을 변화시킬 수 있게 되기를 남몰래 빌었다고 말하는 것이 적절한 표현일 것이라고 신중히 덧붙였다. 그러나 그런 일은 절대로 일어나지 않았다. 남편을 향한 마음이 울분으로 가득해지자 남편과 헤어질 것을 심각하게 생각하게 되었다. 몇 달간에 걸친 치료 후 과거 어느 때보다 더 자기 주장적이 될 수 있게 된 현 시점에서 더더욱 그러했다.

현호 엄마는 무슨 일이 잘못되면 자신이 희생양이 되어 모든 것을 보살펴야 하는 일에 넌더리가 날 지경이었다. 친정어머니와 마찬가지로 남편은 자신으로 하여금 모든 일에 대해 죄책감을 느끼게 했다. 그녀의 심신은 지쳐 있었다. 과거 친정 식구들과 현재 자기 가족 내에서의 역할에 대한 자의식이 발달하고 있었기 때문에 이제는 자기 자신을 위해 무엇인가 하고 싶은 마음이 들었다.

그녀는 남편과 별거하고 싶다고 말했을 때의 일을 떠올렸다. 남편은 자살을 하겠노라고 협박을 했다. 남편은 모든 일을 아내 탓으로 돌렸기 때문에 이런 상황에서 그녀는 꼼짝없이 희생양이 된 것처럼 느꼈다. 그녀는 보통 때처럼 죄책감에 짓눌려 있었고 남편의 기분을 달래고 비위를 맞추느라 정작 자신의 감정은 돌볼 겨를이 없었다. 치료를 받고 있는 현시점에서 남편이 자기를 통제하는 수단으로 그와 같은 협박을 사용하고 있다는 것을 알고 있었지만 이 주제를 다시 꺼내기가 두려웠다. 그녀는 분노에 휩싸여 남편에 대해 생각할수록 더욱 더 화가 나고 불만스러워진다고 덧붙였다. 남편이 그녀를 사랑한다고 말할 때 어떻게 하는지 물어보자 자기가 남편을 사랑하지 않는다는 걸 알고 있기 때문에 남편에게 어떠한 반응도 할 수 없다고 슬프게 말했다. 그래서 남편에 대한 감정을 적어 보도록 숙제를 내주었다. 그리고 일주일 후 그 글을 읽어 보고 여전히 그 내용이 맞는지 생각해 보라고 했다.

현호 엄마는 남편에 대해 부지런히 써 내려갔고 자신이 남편을 진실로 사랑하지 않는다는 피할 수 없는 사실에 직면했다. 한번은 돈

문제로 남편에게 국제전화를 걸었는데, 남편이 새벽 2시에 다른 도시에 가 있는 것을 알게 되었다. 남편을 진심으로 믿지 않았기에 그녀는 더 미칠 것만 같았다. 남편이 다른 곳에 있게 된 연유를 설명했을 때 그녀의 머릿속은 남편이 바람을 피우고 있다는 생각으로 가득했다. 이와 같은 직면이 이루어지는 동안 현호 엄마는 부부간에 신뢰가 없다는 말을 불쑥 꺼냈다.

이후에 남편이 그녀에게 자신을 보고 싶어 했는지 물어보았을 때 그녀는 솔직히 남편이 보고 싶지 않았기 때문에 그렇다는 답변을 할 수 없었노라고 말했다. 그녀는 남편을 영원히 떠나는 공상을 즐기기 시작했다. 더 이상 부모 노릇이나 순교자, 희생양의 역할을 하고 싶지 않았다. 이제는 직장을 구해 경제적으로 독립할 수 있으면 좋겠다는 얘기를 들었을 때 이 목표는 남편을 영원히 떠나고 싶은 그녀의 강렬한 마음과 깊이 관련된 것임을 알 수 있었다. 그녀가 실제로 이를 행동에 옮기는지 또는 자신의 결혼생활 문제를 잘 극복해 나가는지 지켜 봐야 할 대목이었다.

변화

현호와의 관계도 좋아졌다. 치료를 통한 개선을 바탕으로 보다 통찰력을 지니게 됨에 따라 엄마는 실수를 범할 수도 있고 완벽하지 않은 자기 자신에 대해 털어놓거나 자기 자신을 드러내기 시작했다. 엄마가 현호 앞에서 사용한 약점이 치료 과정에서 다뤄졌다. 엄마는 자신과 남편에 의해 현호가 희생양이 되어 왔다는 것을 인식하였다. 현호 엄마는 치료 기간 동안 조성된 수용적인 분위기 속에서 놀라울 만큼 평온함을 느끼게 되자, 현호가 결코 도달할 수 없는 기준을 본인이 설정했었노라고 말했다. 그녀는 친정어머니가 자기에게 가졌던 기대와 마찬가지로 자신이 현호에게 가졌던 기대가 비현실적이었다는 것을 깨닫게 되었다. 자기 자신과 아들에 대한 태도를 더 잘 이해하게 됨에 따라 자신이 세운 높은 기준을 기꺼이 조정하고자 하였다. 모든 아이들에 대해 책임을 떠맡던 현호의 역할이 사라졌고 결국 보다 여유로운 집안 분위기가 만들어졌다. 엄마는 이와 같은 자신의 변화를 잘 의식하고 있었고 이를 계속해서 현호에게 알려 주며 서서히 진전을 보이고 있다고 구체적으로 설명했다.

난생 처음으로 엄마는 자기 아들을 과중한 책임을 떠맡은 어른이 아닌 열네 살짜리 청소년으로 편안하게 대할 수 있었다. 때로는 아이들에게 분노를 내뿜는 행동으로 표출되는 결혼생활의 문제를 극복하기 위해 엄마와 새아버지가 노력하고 있다는 것을 완곡한 방식으로 현호에게 알려 주었다. 또한 자기가 아들을 사랑한다는 것과 현호가 엄마를 껴안을 수 있고 엄마도 그렇게 하려 한다는 것을 말해 주었다. 그녀는 자기도 자라는 동안 안겨 보지 못했기 때문에 아들이 자기를 안았을 때 어색했다고 웃으면서 말했다. 현호는 화를 내지도 않았고 엄마가 자신을 사랑하지 않는다고 생각하지도 않았다. 현호는 엄마가 드러내어 애정 표현을 하는 환경에서 자라지 않았기 때문에 자기에게 거리를 두는 냉랭한 행동을 하더라도 이해해야 한다고 깨닫게 되었다. 이제는 엄마를 껴안았을 때 엄마가 어색해 하면 그것이 자신을 거부하는 것이 아니고 단순히 엄마 자신의 문제일 뿐이라고 받아들이면서 그냥 웃고 만다. 엄마는 자녀들 모두가 어떤 식으로든 알고 있을 거라고 생각했지만 현호에게 부부관계에 대한 부정적인 감정을 일절 이야기하지 않았다고 말했다.

수 개월간에 걸친 치료과정 동안 현호와 엄마에게 각기 다른 과제를 내주었다. 엄마에게 내준 과제 중 하나는 아들이 저녁 때 친구들과 놀 수 있도록 허락하는 것이었다. 과거에는 그런 일이 용납되지 않았다. 그리고 나머지 세 명의 아이들에게도 간단한 집안일을 시키도록 했다. 이것이 결국 현호를 말 안 듣는 아이라는 구속에서 벗어나도록 하는 데 도움이 되었다. 현호는 이 숙제를 무척 좋아했다. 태어나서 처음으로 자신이 공정한 대우를 받고 있다고 느끼게 된 것이다.

서로 다른 가족원 간의 역할 분화 또는 역할 재편과 관련하여 미묘한 구조적 변화가 이루어져 왔다. 현호와 엄마는 모자관계와 가족문제에 대해 해결책을 찾는 일을 때로는 함께 때로는 따로 계속해 왔다. 그리하여 이 가족에게 괄목할 만한 통찰과 성장, 상호의지가 생겨났다고 해도 과언이 아니다.

위의 세 가지 사례에서 볼 수 있듯이 내담자가 가지고 있는 변화와 성장의 능력은 매우 다양하다. 모든 사례에서 치료자는 내담자의 인성이 발달되도록 애를 썼다. 이들 내담자들은 행위와 욕망, 고통이 그들 삶의 일부이며 이것이 부정적으로 낙인되어서는 안 된다는 것을 알게 되었다. 그와 같은 수용과 객관성 자체가 심리적으로 자양분이 풍부하다는 것이 밝혀졌다. 인내심과 변화의 위험을 기꺼이 감수하고자 하는 마음, 그리고 수치심 없이 가능성을 가지고 자유롭게 기능하도록 하는 능력이 치유의 과정을 통해 길러졌다.

결국 인간의 고통을 다룸에 있어서도 단계가 있다고 할 수 있다. 슬픔, 분노, 적대감, 공포, 희망의 단계가 바로 그것이다. 다행스럽게도 이들 단계에는 융통성이 있어서 정해진 순서에 지나치게 얽매이지 않는다. 어떤 날은 내담자의 얼굴에서 먹구름이 걷힌 듯 보이다가도 바로 다음 날엔 또 뭔가가 잘못되어 먹구름이 다시 덮일 수 있다. 치료를 받는 동안 희생양이 된 사람들은 성장을 향한 아주 작은 긍정적인 변화에도 한순간 행복해 하다가 다른 순간 너무나도 쉽게 눈물을 쏟기도 한다. 대부분의 사람들은 고통에서 살아남지만 모든 사람들이 같은 속도로 회복되는 것은 아니다. 사실 회복과 변화는 서서히 일어난다.

그러나 우리가 인내심을 가지고 본다면 치유의 징조와 보다 나은 삶에 대한 전망이 펼쳐지기 시작하는 것을 볼 수 있다. 어떻게 해서 이런 일이 일어나는 것일까? 뿌연 저녁 먼지가 모일 때처럼 약간의 거리를 두고 우리 앞에 놓여 있는 사물에 대해 우리가 잘못 이해하고 있는지도 모른다. 하지만 그 대상에 대해 알고자 하는 마음으로 좀 더 가까이 다가가면 그들의 진정한 가치를 알아보고 그들을 값진 것으로 높이 평가하거나 쓸모없는 것으로 제외시킬 수 있을 것이다. 희생양이 된 사람들은 이와 유사한 방식으로 치료과정을 통해 무엇이 참이고 무엇이 거짓인지, 무엇이 받아들일 만한 것이고 무엇이 그렇지 않은 것인지를 구별하기 시작한다.

결론적으로, 치유과정의 중간쯤에 와 있는 희생양들에게 말하고 싶은 것을 여기에 싣는다.

제5장 희생양 자녀의 치료 사례

당신의 내면 깊은 곳으로 들어가 보세요.
당신의 이름으로 알려진 보물을 찾아보세요.

그 보물을 바라보세요.
당신이 가지고 있는 자원들을 보세요.
지극히 평범한 것들이지요.
당신은 이 모든 것들을 가지고 있답니다.

당신은 보고

듣고

생각하고

느끼고

맛보고

냄새 맡고

고르고

움직이고

가려낼 수 있어요.

가려낸다는 것은

한때는 잘 맞았지만

더 이상 그렇지 않은 것들을 떠나보내고,

이제는 무엇이 맞는 것인지를 분명하게 볼 수 있는 능력이지요.

이제 당신 자신에게 이렇게 말해 보세요.

"난 할 수 있어.

난 해낼 수 있다구.

나에게는 흔들리지 않는 바탕과 하늘과의 관계,

사람들과 관계맺음에서 얻는 힘이 있잖아.

난 할 수 있어." 라구요.

Satir, 1985: 21.

| 참고문헌

Ackerman, N. W. (1966). *Treating the troubled family*. New York: Basic Books.

American Heritage Dictionary (2nd College edition) (1982). Boston: Houghton, Mifflin, Co.

Balint, M. (1968). *The basic fault*. New York: Brunner/Mazel.

Bertalanffy, Ludwig Von (1934). *Modern theories of development: An introduction to theoretical biology*. London: Oxford University Press.

Bertalanffy, Ludwig Von (1968). *General systems theory*. New York: Braziller.

Boszormenyi-Nagy, I., & Krasner, B. R. (1986). *Between give and take: A clinical guide to contextual therapy*. New York: Brunner/Mazel.

Boszormenyi-Nagy, I., & Spark, G. M. (1973). *Invisible loyalies: Reciprocity in intergenerational family therapy*. New York: Harper & Row. (Reprinted by Brunner/Mazel, New York, 1984).

Bowen, M. (1976). Theory in the practice of psychotherapy. In G.J. Guerin, Jr. (Ed.), *Family therapy : Theory and practice.* New York: Gardner Press.

Bowen, M. (1972). Toward the differentiation of self in one's own family. In J.L.Framo (Ed.), *Family interaction : A dialogue between family researchers and family therapists.* New York: Springer.

Bowen, M. (1978, 1983, 1985). *Family therapy in clinical practice.* New York: Jason Aronson.

Byng−Hall, J. (1988). Scripts and legends in families and family therapy. *Family Process, 27* (2), 167−180.

Doherty, W. J., & Baird, M. A. (1983). *Family therapy and family medicine.* New York: Guilford press.

Edward, J., Ruskin. N., & Turrini, P. (1981). *Separation−Individuation.* New York: Gardner Press.

Erikson, E. (1968). *Identity, youth and crisis.* New York: Norton.

Firestone, R. W. (1985). *Fantasy bond.* New York: Human Sciences Press, Inc.

Fossum, M. A., & Mason, M.J. (1986). *Facing shame.* New York: Norton.

Frazer, J. G. (1920). *Scapegoat.* New York: Macmillan.

Frazer, J. G. (1922). *The golden bough.* New York: Macmillan.

Freeman, L., & Strean, H. S. (1986). *Guilt.* New York: John Wiley.

Goodwin, D. W. (1985). *Anxiety.* New York: Human Sciences Press, Inc.

Grotstein, J. S. (1985). *Splitting and projective identification.* New York: Jason Aronson.

Henry, J. (1965, 1971). *Pathways to madness.* New York: Random House.

Jung, C. G. (1953−1979). Psychology and alchemy. *Collected works* (20 Vols. Trans.). In R. F. C. Hull, H. Read, M. Fordham, G. Adler, & W. McGuire (Eds.), Princeton: Princeton University Press.

Kahn, M. D., & Lewis, K. G. (Eds.). *Siblings in therapy.* New York:

Norton.

Karpel, M. A., & Strauss, E. S. (1983). *Family evaluation*. New York: Gardner Press.

Kerr, M. E., Bowen, M. (1988), *Family evaluaton*. New York: Norton.

Klein, M. (1946). Notes on some schizoid mechanisms. *International Journal of Psychoanaysis, 27*, 99–110.

Laing, R. D. (1965). *The divided self*. New York: Penguin Books.

Landgarten, H. B. (1987). *Family Art Therapy*. New York: Brunner/ Mazel.

Large, T. (1989). Some aspects of loneliness in families. *Family Process, 28*, 25–35.

Lederer, W. J., & Jackson, D. D. (1968). *The mirages of marriage*. New York: Norton.

Lidz, T., Cornelison, A., Fleck, S., & Terry, D. (1957). The intrafamilial environment of schizophrenic patients. Marital schism and marital skew. *American Journal of Psychiatry, 114*, 241–248.

Mahler, M., Pine, F., & Bergman, A. (1975). *The psychological birth of the human infant*. New York: Basic Books.

Malan, D. H. (1979). *Individual pychotherapy and the science of psycho- dynamics*. Boston: Butterworths.

Masterson, J. F. (1985). *The real self*. New York: Brunner/Mazel.

Meissner, W. W. (1980). A note on projective identification. *Journal of American psychoanalytic Association, 28*, 43–68.

Meltzer, D. (1967). *The psycho-analytic process*. London: Heinemann.

Minuchin, S., & Fishman, H. C. (1981). *Family therapy techniques*. Cambridge, MA: Harvard University Press.

Minuchin, S. (1974). *Families and family therapy*. Cambridge, MA: Harvard University Press.

Minuchin, S., & Montalvo, B. G., Rosman, B. L., Schumer, F.(1967). *Families of the slums*. New York: Basic Books.

Ogden, T. A. (1978). A developmental view of identification resulting from maternal impingements. *International Journal of Psychoanalytic Psychotherapy, 7,* 486—508.

Ogden, T. A. (1979). On projective identification. *International Journal of Psychoanalysis. 60,* 357—373.

Okun, B. F., & Rappaport, L. J. (1980). *Working with families.* Belmont: Wadsworth.

Ornston, D. (1978). Projective identification and internal impingement. *International Journal of Psychoanalytic Psychotherapy, 7,* 508—533.

Perera, S. B. (1986). *The scapegoat complex.* Toronto: Inner City Books.

Pillary, V. (1986). *Pathways to family myths.* New York: Brunner/ Mazel.

Porton, G. G. (1988). *The World Book Encyclopedia,* Vol. 17. Chicago: The World Book, Inc.

Richter, H. E. (1960). Die narzisztischen Projektionen der Eltern auf das Kind. *Jahrbuch Psychoanalyse, 1,* 62—81.

Richter, H. E. (1963). *Eltern, Kind und Neurose.* Stuttgart: Klett.

Satir, V. (1985). *Meditations and Inspirations.* Berkeley: Celestial Arts.

Satir, V. (1972). *Peoplemaking.* Palo Alto: Science & Behavior Books.

Seiburg, E. (1985). *Family communication.* New York: Gardner Press.

Simon, F. B., Stierlin, H., & Wynne, L. C. (1985). *The language of family therapy: A systemic vocaburary and sourcebook.* New York: Family Process Press.

Skynner, R., & Cleese, J. (1983). *Families.* London: Metheun.

Spitz, R. A. (1946). Hospitalism : A follow—up report. *Psychoanalytic Study of the Child, 2,* 113—117.

Stierlin, H. (1959). The adaptation to the "stronger" person's reality. *Psychiatry, 22,* 143—152.

Stierlin. H. (1973). Interpersonal aspects of internalizations. *International Journal of Psychoanalysis, 54.*

Stierlin, H. (1981). *Separating parents and adolescents: A perspective on running away, schizophrenia, and waywardness.* (2nd enlarged edition). New York: Jason Aronson.

Vogel, E. F., & Bell, N. W. (1981). The emotionally disturbed child as the family scapegoat. In R. J. Green & J. L. Framo (Eds.), *Family therapy: major contributions.* New York: International Universities Press.

Watzlawick, P., Beavin, J. H., & Jackson, D. D. (1967). *Pragmatics of human communication.* New York: Norton.

Webster Encyclopedia Unabridged Dictionary of the English Language. (1989). New York: Portland House, Dilithium Press.

Whitmont, E. C. (1986). *Return of the goddess.* New York: The CrossRoad Publishing Co.

Winnicott, D. W. (1986). *Home is where we start from.* Complied & edited by C. Winnicott, R. Shepard, & M. Davis. New York: Norton.

Winnicott, D. (1948). Pediatrics and Psychiatry, In *Collected papers,* pp.157–173. New Tork: Basic Books, 1958.

Wolheim, R. (1969). The mind and the mind' s image of itself. *International Journal of Psychoanalysis, 50,* 209–220.

Wynne, L. C., Ryckoff, I. M., Day, J., & Hirsch, S. I. (1958). Pseudo-mutuality the family relations of schizophrenics. *Psychiatry, 21,* 205–220.

참고문헌

| 찾아보기

229

[내 용]

Vimala Pillari

저자 Pillari 박사는 미국 도미니칸 대학교 사회복지대학원의 교수이며, 개인적으로 가족상담실을 운영하면서 가족치료, 사회복지, 인간심리 등 다양한 영역에 걸쳐 활발한 저술 활동을 펼치고 있다. Pillari 박사는 임상경험을 바탕으로 한 자신의 저서들을 통해 가족관계의 역동성과 독특성, 사회적 환경 속에서의 인간행동에 대한 이해의 지평을 넓히고 있다. 특히, 가족희생양, 가족신화, 가족 간의 친밀감과 성에 관한 문제를 다룸에 있어 적절한 개념과 분석의 틀을 사용하여 가족관계에 얽힌 역동을 재조명하는 데 탁월한 능력을 보여 주고 있다. 이 책『가족희생양이 된 자녀의 심리와 상담』역시 Pillari 박사 자신이 경험한 상담사례에 근거하여 저술한 것이다. 그 외에 저자의 대표적인 저서로는 다음과 같은 것들이 있다.

- Models Family Therapy
- Social Work Practice: Theory and Skills
- Human Behavior in the Social Environment: The Developing Person in a Holistic Context
- Shadows of Pain: Intimacy and Sexual Problems in Family Life
- Human Behavior in the Social Environment: Families, Groups, Organizations, and Communities
- Pathways to Family Myths

역자소개

임춘희

고려대학교 사범대학 가정교육과 학사
고려대학교 대학원 가정학과 석사
고려대학교 대학원 가정학과 박사
현 군산대학교 아동가족학과 조교수

〈저 · 역서〉

준비된 재혼, 또 다른 행복(동인출판사, 1999)
건강가정론(공저, 학지사, 2009)
도덕성과 문화(공역, 시그마프레스, 2009)

김향은

고려대학교 사범대학 가정교육과 학사
고려대학교 대학원 가정학과 석사
고려대학교 대학원 가정학과 박사
현 고신대학교 사회복지학부 부교수

〈저 · 역서〉

청소년 자녀에게 이렇게 하세요(공역, 학지사, 1995)
성교육학(공저, 교육과학사, 1998)
자녀의 자아존중감과 정서기능을 키워주는 부모(공저, 양지, 2003)
현대 가족관계론(공저, 파란마음, 2009)

가족희생양이 된 자녀의 심리와 상담

SCAPEGOATING IN FAMILIE:
Intergenerational Patterns of Physical and Emotional Abuse

2011년 5월 20일 1판 1쇄 발행
2023년 12월 20일 1판 6쇄 발행

지은이 • Vimala Pillari
옮긴이 • 임춘희 · 김향은
펴낸이 • 김 진 환
펴낸곳 • (주)**학지사**

　　　　04031 서울특별시 마포구 양화로 15길 20 마인드월드빌딩 5층
대표전화 • 02) 330-5114　　팩스 • 02) 324-2345
등록번호 • 제313-2006-000265호
홈페이지 • http://www.hakjisa.co.kr
인스타그램 • https://www.instagram.com/hakjisabook

ISBN 978-89-5891-595-9 93180

정가 10,000원

　│ 출판미디어기업 **학지사**

　　간호보건의학출판 **학지사메디컬** www.hakjisamd.co.kr
　　심리검사연구소 **인싸이트** www.inpsyt.co.kr
　　학술논문서비스 **뉴논문** www.newnonmun.com
　　원격교육연수원 **카운피아** www.counpia.com